财政部规划教材
全国财政职业教育教学指导委员会推荐教材
全国中等职业学校财经类教材

理财基础知识

（第二版）

张汉连 主编

中国财政经济出版社

图书在版编目（CIP）数据

理财基础知识/张汉连主编．—2版．—北京：中国财政经济出版社，2012.9
财政部规划教材 全国中等职业学校财经类教材
ISBN 978-7-5095-3889-0

Ⅰ．①理… Ⅱ．①张… Ⅲ．①投资-中等专业学校-教材 Ⅳ．①F830.59

中国版本图书馆CIP数据核字(2012)第197981号

责任编辑：陈 冰 责任校对：黄亚青
封面设计：陈 瑶

中国财政经济出版社出版

URL：http：//www.cfeph.cn
E-mail：cfeph@cfeph.cn

社址：北京市海淀区阜成路甲28号 邮政编码：100142
发行处电话：88190406 财经书店电话：64033436
北京中兴印刷有限公司印刷 各地新华书店经销
787×1092毫米 16开 11印张 223 000字
2012年8月第2版 2020年3月北京第8次印刷
定价：22.00元
ISBN 978-7-5095-3889-0/F·3170
（图书出现印装问题，本社负责调换）
本社质量投诉电话：010-88190744
打击盗版举报热线：010-88191661 QQ：2242791300

编写 说明

本书是财政部规划教材、全国财政职业教育教学指导委员会推荐教材，由财政部教材编审委员会组织编写并审定，作为全国中等职业学校财经类教材使用。

为了适应中等职业教育的改革，满足中等职业教育培养应用型人才的需要，根据中等职业学校课程和教学的改革以及形势发展的需要，我们编写了《理财基础知识》一书。

本书的编写根据中职学校的特点，坚持以实用为目的，适当精简和压缩理论知识，增加基本方法运用和案例介绍的内容，尽量做到通俗易懂、深入浅出，形式上生动活泼，便于学生学习和阅读。教材中每一章附有习题，以便读者及时检测对书中知识掌握的情况。全书分为企业理财和个人理财两部分。

本书由福建龙岩财经学校张汉连担任主编，负责拟定编写提纲，并对全书进行修改总纂。参加本书编写的有：福建龙岩财经学校张汉连（第1、2章）、贵州财政学校肖燕（第3、4章）、山西吕梁会计学校刘便娥（第5、8章）、福建龙岩财经学校黄晓琴（第6、7章）、广东省财政职业技术学校彭水发（第9章）。

本教材章后配有练习题，任课老师若需要习题答案，可以电子邮件的形式向中国财政经济出版社索取（请注明学校、全书名、版次），E-mail：chenbing@cfeph.cn。本教材还为任课老师制作了电子教案及电子课件，如果需要，请登录如下网址下载：http://www.zgcjjy.com。

本书的编写参考并吸收了有关的教材、法规制度的相关内容，并得到财政部干部教育中心教材处以及财政部教材编审委员会的大力支持，在此表示衷心感谢。

由于编者水平有限，书中难免有不足之处，恳请读者批评指正。

编　者

2012年8月

目 录

第1章 总论

学习目标：□ 什么是理财
□ 什么是货币的时间价值？货币的时间价值如何计算
□ 什么是机会成本？机会成本在你的投资决策中有何作用

第一节 理财的含义

学理财，我们总是想先知道它的基本含义。

“理”从其基本含义解释就是按事物本身的规律或依据一定的标准对事物进行加工、处置：如理事、管理等。通俗地说就是指打理、整理、管理等的意思；“财”从其基本含义解释就是指金钱和物资。那么，理财又是什么含义呢？我们先来看一段中国传奇式人物——史玉柱的故事。

史玉柱从1989年4 000元借债起家，通过研发一套计算机软件，几经艰辛，在短短5年时间里位居当年福布斯“大陆富豪排行榜”第八名，后因巨人大厦财务危机，沦落为负债2.5亿元的“中国首负”。成为20世纪末一个中国企业失败的经典案例。当时在珠海的巨人时期，史玉柱最大的骄傲之一就是他的巨人集团没有向银行借贷过一分钱，他的梦想或许就是成为一个实业家，靠自己的努力、知识和激情成就自己的事业。

可是，在巨人大厦因为区区的1 000万元而轰然倒塌时，史玉柱或许才意识到，实现梦想的方式其实有好多种。可以靠一己之力，也可以利用别人的资本来实现自己的梦想。想通了这些以后，史玉柱开启了属于他的新时代。他投资了银行，把一手做大的脑白金以近12亿元的天价卖给了四通电子，带领征途网成功上市，融资了10.44亿元，全球前十大投资机构中有八家投资巨人网络，史玉柱圈钱32.5亿美元。史玉柱用“血”的代价找到了“资本

+实业”的模式。

（摘自王静：《巴菲特为什么看中王传福：中国内地首富创业神话大揭秘》，江苏人民出版社 2010 年版）

读了这个故事，你有什么感想？

这个故事涉及下列基本问题：人（或者企业）、资金、银行、管理、生存等。将这些基本问题加以整合，就构成理财的基本内容。

据此，我们可以给企业理财下一个基本定义：**企业理财是指企业组织资金运动并正确处理资金运动所体现的财务关系，是确保企业生存和发展的一项经济管理工作。**

讨论分析：

（1）你认为理财是否可以划分为个人理财和企业理财？它们都应具备哪些基本元素？

（2）在实际生活中，你有过类似的理财经历吗？

一、财务活动的含义和内容

企业的再生产过程表现为资金运动的过程，而资金运动过程的各个阶段总是与一定的财务活动相对应的，也就是说，资金运动形式是通过一定的财务活动内容来实现的。如从货币资金转变为储备资金，是以购买材料、支付材料价款等财务活动来体现的。**财务活动是指资金的筹集、投放、耗费、收回及分配等一系列行为。其中，资金的投入、耗费及收回又称投资**。从整体上讲，财务活动包括以下内容：

（一）筹资活动

当你要创办一家企业时，你所面临的第一个问题是什么？是资金。企业拥有一定数额的资金是进行生产经营活动的必要条件。企业以各种形式从各种渠道筹集资金，是资金运动的起点。**筹资是指为了满足投资和用资的需要，筹措和集中所需资金的过程**。在筹资过程中，企业一方面要预测筹资的总规模，以保证投资所需的资金；另一方面要通过筹资渠道和筹资方式确定合理的筹资结构，降低筹资成本和风险。这种因为资金筹集而产生的现金收支，便是由企业筹资而引起的财务活动。

（二）投资活动

企业取得资金后，就要将资金投入使用，以谋求最大的经济效益。企业投资分为广义投资和狭义投资两种。广义的投资是指企业将筹集的资金投入使用的过程，包括企业内部使用资金的过程（如购置流动资产、固定资产、无形资产等）和对外投放资金的过程（如投资购买其他企业的股票、债券或与其他企业联营等）。狭义的投资仅指对外投资。投资需要支付资金，而变卖其对内投资形成的各种资产或收回其对外投资时，则会产生资金收入。这种因企业投资而产生的资金收付，便是由投资而引起的财务活动。企业投资不仅必须考虑投资规模，还必须通过投资方向和投资方式的选择，确定合理的投资结构，以提高投资效益，并同时降低投资风险。

（三）资金营运活动

在日常生产经营过程中，企业会发生一系列现金的收付，如采购材料或商品、支付工资和其他营业费用、销售商品取得收入等。如果生产经营资金短缺，还要采用短期借款来筹集所需资金。这就是因企业日常经营活动而引起的财务活动，也称资金营运活动。

企业的营运资金主要是为了满足企业日常营业活动的需要而垫支的资金，营运资金的周转与生产经营周期具有一致性。资金周转速度越快，资金的利用效率就越高。如何加速资金周转，提高资金利用效果，也是理财的主要内容之一。

（四）分配活动

广义地说，分配是指对投资收入和利润进行分割和分派的过程，而狭义的分配仅指对利润的分配。企业通过投资过程（包括对内投资和对外投资）必然会取得收入，取得的收入首先要用以弥补生产经营耗费，缴纳流转税，其余部分作为企业的营业利润。营业利润和投资收益、营业外收支净额构成企业的利润总额。利润总额首先要按国家规定缴纳所得税，税后利润要提取公积金，其余利润作为投资收益分配给投资者或暂时留存企业，或作为投资者的追加投资。这种因分配而产生的财务收支就是分配中的财务活动。另外，随着分配活动的进行，资金或者退出或者留存企业，它必然会影响企业的资金运动，这不仅表现在资金运动的规模上，而且表现在资金运动的结构上，如筹资结构。为此，在依据一定的法律原则下，企业应合理确定分配的规模和分配的方式，这些都是理财的内容。

二、财务关系的含义和内容

企业的财务活动从表面上看是钱和物的增减变动，其实，钱与物的增减变动离不开人与人之间的经济利益关系，这就是我们通常所说的财务关系。比如，在材料采购过程中会发生企业与供应商之间的往来关系。**财务关系是企业在理财活动过程中产生的与各相关利益集团间的利益关系。**财务关系体现着财务活动的本质特征，并影响着财务活动的规模、速度。这种财务关系包括以下几个方面：

（一）企业与国家之间的财务关系

国家作为社会管理者，担负着维护社会正常秩序、保卫国家安全、组织和管理社会活动等任务，为企业生产经营活动提供公平竞争的经营环境和公共设施等条件，为此所发生的“社会费用”，须从受益企业的利润中扣除，从而形成具有强制性的纳税义务。

因此，国家以收缴各种税费的形式与企业之间发生财务关系，企业应照章纳税，是一种强制性分配关系。

（二）企业与出资者之间的财务关系

企业与出资者之间的财务关系是指投资者向企业投入资金，企业向其支付投资报酬所形成的经济关系。

企业的所有者要按照投资合同、协议、章程的约定履行出资义务以形成企业的资本，同时，拥有参与或监督企业经营、参与企业剩余权益分配并承担一定的风险的权利和义务。企业利用资本进行营运，对出资者承担有资本保值、增值的责任，实现利润后，应该按照出资比例或合同、章程的规定，向其所有者支付报酬。一般而言，所有者的出资不同，他们各自对企业承担的责任不同，相应享有的权利和利益也不相同。因此，企业与所有者之间的关系是风险与共，是以资本保值、增值为核心的剩余权益分配关系，体现着一种经营权与所有权的关系。

（三）企业与债权人之间的财务关系

企业与债权人之间的财务关系是指企业向债权人借入资金，并按借款合同的规定按时支付利息和归还本金所形成的经济关系。

企业除利用资本进行经营活动外，还要借入一定数量的资金满足生产经营和降低企业资金成本的需要。企业利用债权人的资金，要按约定的利息率及时向债权人支付利息；债务到期时，要合理调度资金，按时向债权人归还本金。因此，企业与债权人之间的关系是建立在契约之上的债务—债权关系。

（四）企业与受资者之间的财务关系

企业与受资者之间的财务关系是企业以购买股票或直接投资的形式向其他企业投资形成的经济利益关系，是体现所有权性质的投资与受资的关系。

（五）企业与债务人之间的财务关系

企业与债务人之间的财务关系是指企业将其资金以购买债券、提供借款或商业信用等形式出借给其他单位所形成的经济关系。企业将资金借出后，有权要求其债务人按约定的条件支付利息和归还本金。企业与债务人之间的关系也就是债权—债务关系。

（六）企业内部各单位之间的财务关系

企业内部各单位之间的财务关系是指企业内部各单位之间在生产经营各环节中相互提供产品或劳务所形成的经济利益关系。

企业在实行厂内经济核算制和企业内部经营责任制的条件下，企业供、产、销各个部门以及各个生产单位之间相互提供劳务和产品要计价结算。这种在企业内部资金使用中的权责关系、利益分配关系与内部结算关系，体现了企业内部各单位之间的经济利益关系。

（七）企业与职工之间的财务关系

企业与职工之间的财务关系是指企业向职工支付劳动报酬过程中所形成的经济关系。

职工是企业的劳动者，他们以自身提供的劳动作为参加企业分配的依据。企业根据经营者的职务能力和经营能力高低、一般职工业务能力和劳动业绩大小，用其收入向职工支付工薪、津贴和奖金。企业与职工之间是以权、责、劳、绩为依据的在劳动成果上的分配关系。

第二节　企业理财的财务观念

我们通常说：观念决定意识，意识决定思路，思路决定出路。显然，观念在人的一生中或在企业发展中都有着重要的作用。同样，企业理财也必须有正确的财务观念。

一、货币时间价值观念

【基本案情】 鑫华公司在建行某支行设立一个临时账户，2008 年 4 月 1 日存入 15 万元，银行存款年利率为 3.6%。因资金比较宽裕，该笔存款一直未予动用。2011 年 4 月 1 日鑫华公司拟撤销该临时户，与银行办理消户时，银行共付给鑫华公司 16.62 万元。

【问题探讨】

1. 16.62 万元与 15 万元的差是什么？为什么有这个差额？

2. 如果鑫华公司将 15 万元放在单位保险柜里，存放至 2010 年 4 月 1 日，会取出多少钱？为什么？

3. 货币时间价值为什么通常用“无风险无通货膨胀情况下的社会平均利润率”来表示？

【问题分析】

1. 鑫华公司2008年4月1日存入的15万元我们通常称为本钱或者叫本金。从理财角度看，叫现值。**现值就是指一定量未来的货币按规定的利率折算的现在价值，在银行存款中通常叫“本金”。**

2. 鑫华公司3年后从银行取出16.62万元，我们通常叫本利和，是15万元3年后的价值。从理财角度看，我们称为终值。**终值是指一定量的货币按规定的利率折算的未来价值，在银行存款中通常叫“本利和”，**如图1-1所示。

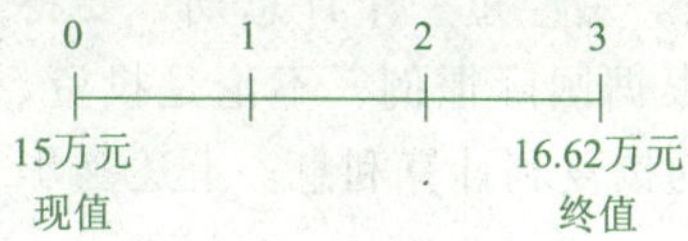

图1-1

3. 鑫华公司15万元3年后变成16.62万元，产生1.62万元差额，有两个条件：首先是必须将钱存入银行，也就是将钱进行投资。其次，银行按3.6%利率计算利息。银行之所以能够支付其使用货币的利息，是由于银行通过使用这些货币产生了增值。现实生活中，企业将所拥有的货币存入银行可获得利息，将资金运用于公司经营可获得利润，将资金应用于对外投资可获得投资收益。这些利息、利润和投资收益表现为货币的时间价值。**货币的时间价值是指在社会生产和再生产的过程中，货币经过一定时间的投资和再投资后所增加的价值，也称为资金的时间价值。**将钱存在保险柜，由于不存在投资行为，不可能产生增值，15万元3年后仍然是15万元，放再长时间也还是15万元。当然，增值数额的大小有一个利率的问题。如鑫华公司按3.6%计算，这3.6%我们称为年利率。

上例中，鑫华公司15万元存入3年后变成16.62万元，我们把差额1.62万元叫利息收入，也叫货币时间价值。根据这一案例，我们继续探讨一个问题：是不是15万元存入银行3年，按3.6%的利率计算其本利和只能是16.62万元，还有没有其他结果呢？我们来分析这两种情况：一是15万元存入后，每年将利息提出，3年能得到多少利息？二是15万元存入后，每年利息提出后又转存入银行作为本金，3年后能得到多少利息？

根据计算结果，同学们讨论，两种计算结果相差多少？为什么？

（一）货币时间价值的表示

1. 相对数：通常以利息率表示，这时的利息率通常是没有风险和没有通货膨胀条件下的社会平均资金利润率。

2. 绝对数：即时间价值额是资金在生产经营过程中带来的真实增值额，即一定数额的资金与时间价值率的乘积，通常以利息额表示。

（二）货币时间价值的计算

1. 单利的计算。**单利是一种就本金计算利息，不管时间多长，所生利息均不加入本金重复计算利息。**如鑫华公司每年按15万元计算利息，并把利息提出。我国目前储蓄存款的利息都是按单利计算。其计算公式如下：

$$I = P \times i \times n$$

式中，I为利息；P为本金，又称期初额或现值；i为利率，通常指每年利息与本金之比；n为期数。

【例1-1】 某企业有一张带息期票，面额为1 200元，票面利率为4%，出票日期6月15日，8月14日到期（共60天），则到期时利息为：

根据题意，P=1 200，i=4%，n=60。则

$I=1\ 200\times4\%\times60/360=8$（元）

（1）单利终值的计算。设 S 为终值，则

$$S=P+I=P(1+i\times n)=P+P\times i\times n$$
$$=1\ 200+8=1\ 200(1+4\%\times60/360)=1\ 208(元)$$

（2）单利现值计算。

$$P=S-I=\frac{S}{1+i\times n}=\frac{1\ 208}{1+4\%\times60/360}=1\ 200\ (元)$$

2. 复利的计算。**复利是一种本生利，利也生利的计算方法**。每经过一个计息期，要将所生利息加入本金再计算利息，逐期滚算，俗称“利滚利”。根据国际惯例，不论是投资、筹资，还是存款、贷款业务，若时期在两个或两个以上，通常均按复利计算利息。上述鑫华公司每年将利息提出后重新存入就形成了复利计算。

讨论：假如给你 1 万元存入银行，存期 3 年，你认为应如何实现你的最大收益？

（1）复利终值的计算。我们先来看表 1－1 所示。

表 1－1

期数（n）	本金（P）	利息（I）	本利和（S）
0	P	0	P
1	P	Pi	$P+Pi=P(1+i)$
2	$P(1+i)$	$P(1+i)\times i$	$P(1+i)+P(1+i)\times i$ $=P(1+i)(1+i)$ $=P(1+i)^2$
…	…	…	…
n	$P(1+i)^{n-1}$	$P(1+i)^{n-1}\times i$	$P(1+i)^{n-1}+P(1+i)^{n-1}\times i$ $=P(1+i)^{n-1}(1+i)$ $=P(1+i)^n$

从表 1－1 中我们不难归纳出复利终值的计算公式：

$$S=P(1+i)^n$$

式中，$(1+i)^n$为复利终值系数或 1 元的复利终值，用符号（S/P，i，n）表示。在实际工作中，为了简化和加速复利的计算，可以查“一元复利终值系数表”（见本书附表一）。

鑫华公司存入 15 万元，年利率 3.6%，按复利计算，3 年后能够得到多少钱？

【例 1－2】 某公司将 10 万元资金存入银行，存期 5 年，每年复利一次，年利率 8%，要求计算 5 年后的终值是多少？利息为多少？

根据题意：P＝100 000，n＝5，i＝8%。经查：（S/P，8%.5）＝1.469，则

$S=100\ 000\times(1+8\%)^5=146\ 900$（元）

$I=146\ 900-100\ 000=46\ 900$（元）

（2）复利现值的计算。复利现值的计算也叫贴现。贴现时所用的利息率也叫贴现率。根据复利终值的计算公式，可以直接推导出下列复利现值的计算公式：

$$P=S\cdot\frac{1}{(1+i)^n}=S(1+i)^{-n}$$

式中，$(1+i)^{-n}$为复利现值系数，或称 1 元的复利现值，用（P/S，i，n）表示。可通

过查“一元复利现值系数表”（见本书附表二）求得。

【例1-3】　某公司5年后需更新设备，预计所需资金10万元，银行存款的年利率为8%，每年复利一次，试问，现在需一次存入银行多少钱？

根据题意：$S=100\ 000$，$n=5$，$i=8\%$。查（P/S，8%，5）$=0.681$，则

$P=100\ 000\times0.681=68\ 100$（元）

(3) 复利利息。其计算公式如下：

$$I=S-P$$

上例中，复利利息 $I=S-P=100\ 000-68\ 100=31\ 900$（元）

复利的计息期不一定总是一年，有可能是季度、月、日。当利息在一年内要复利几次，给出的年利率叫做名义利率。如何计算其终值呢？

【例1-4】　本金1 000元，投资5年，利率8%，每年复利一次，其本利和与复利息是多少？如果是每季度复利一次，其本利和与复利息又是多少？

如每年复利一次，根据题意：$P=1\ 000$，$n=5$，$i=8\%$。查（S/P，8%，5）$=1.469$，则

$S=1\ 000\times(1+8\%)^5=1\ 000\times1.469=1\ 469$（元）

$I=1\ 469-1\ 000=469$（元）

如果每季复利一次，根据题意：$P=1\ 000$，$n=5\times4=20$，$i=8\%/4=2\%$。查（S/P，2%，20）$=1.486$，则

$S=1\ 000\times(1+2\%)^{20}=1\ 000\times1.486=1\ 486$（元）

$I=1\ 486-1\ 000=486$（元）

可见当一年内复利几次时，实际得到的利息要比按名义利率计算的利息高。

小故事

复利的魅力

古印度有这样一个传说：宰相西萨发明了国际象棋，国王认为这个游戏很有趣，决定奖赏他，说可以满足他所有的要求。宰相说自己的要求就是在他的棋盘上摆满麦粒：第1格放1粒，第2格放2粒，第3格放4粒……每一小格的麦粒数量都是前一格的一倍，如此下去，直至所有格子都摆满。国王认为这很简单，马上派人搬来麦粒开始摆放，但很快他就发现这个要求根本不可能满足，因为最后一格是264，而所有麦粒的总和是个20位的天文数字，即使搬来整个印度的麦粒都无法填满棋盘。

这就是复利的巨大魅力，它使数字以几何级数的速度增长，因此被爱因斯坦称为世界第八大奇迹。

现在我们讨论另外一个问题：每个月给您100元，能用来做什么？下一次馆子？买一双皮鞋？100元就花得差不多了吧。您有没有想过，每月省下这100元，您有可能成为百万富翁呢？您可能不相信，会认为是天方夜谭。前面我们已领教了复利的魅力，如果每个月定期将100元固定投资于某个基金，在基金年平均收益率达到15%的情况下，坚持35年后，您所获得的投资收益绝对额就将达到147万元。

上述讨论中，涉及的问题有这些：每个月存入100元，年利率15%，复利计算，时间35年，终值147万元。这里每个月存入100元意味着是间隔时间相同、金额相等的款项，

在经济学中有一个名词叫“年金”。在现实生活中，我们周边经常会发生下列的事项：如购买商品房，除支付首付款外，每月支付等额按揭款，直到期满；缴纳养老保险金，每年缴等额的保险费，直到缴到规定时间等。

3. 年金及其分类。

（1）年金的概念。**年金是定期或不定期的时间内，每隔相同的时间收入或支出相等金额的款项**。如分期等额付款赊购、分期等额偿还贷款、等额发放养老金、等额支付租金、按直线法提取折旧等，都属于年金收付形式。

（2）年金的分类。年金按其每次收付款项发生的时点不同，可以分为普通年金、即付年金、递延年金、永续年金等类型。

① 普通年金。**普通年金是指从第一期起，在一定时期内每期期末等额收付的系列款项，又称为后付年金**。上例中，每个月末存入100元就叫普通年金，如零存整取。

② 即付年金。即付年金是指从第一期起，在一定时期内每期期初等额收付的系列款项，又称先付年金。即付年金与普通年金的区别仅在于付款时间的不同。

③ 递延年金。递延年金是指第一次收付款发生时间与第一期无关，而是隔若干期（m）后才开始发生的系列等额收付款项。它是普通年金的特殊形式。

④ 永续年金。永续年金是指无限期等额收付的特种年金。它是普通年金的特殊形式，即期限趋于无穷的普通年金，如诺贝尔奖金的发放。

4. 普通年金的计算。

（1）普通年金终值的计算。每个月末存入100元，存入35年，年利率15%，最后得到147万元，这147万元就叫普通年金的终值。普通年金终值是指每期期末收入或支出等额款项的复利终值之和。

设 S_A 为普通年金的终值，A 为每期的收付额。由于普通年金没有第一期期初的收付款，而有 n 期期末的收付款，对普通年金终值的计算可用图 1－2 来说明。

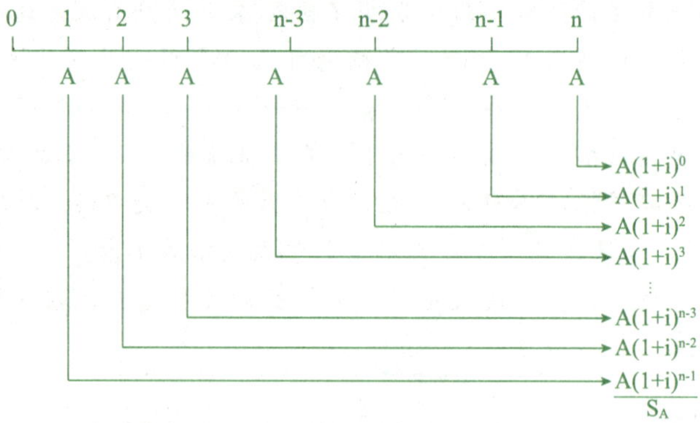

图 1－2　普通年金终值计算图

由图 1－2 可知：普通年金终值的计算公式为：

$$S_A = A(1+i)^0 + A(1+i)^1 + \cdots + A(1+i)^{n-1}$$

经移项、整理得：

$$S_A = A \times \frac{(1+i)^n - 1}{i}$$

式中，$\frac{(1+i)^n-1}{i}$为普通年金终值系数，也可用（S_A/A，i，n）表示，可查一元年金终值系数表（见本书附表三）。

【例1-5】 某公司拟在今后的10年中每年末存入银行5万元，假设银行存款的年利率为8%，问10年后的本利和为多少？

根据题意：A=50 000，n=10，i=8%。查（S_A/A，8%，10）=14.487，则

$S_A=A\times\frac{(1+i)^n-1}{i}=50\ 000\times14.487=724\ 350$（元）

（2）年偿债基金的计算。年偿债基金是为在未来某一时期偿还一定数额的债务每年末应该存入多少钱。根据普通年金终值的计算公式，可直接求得年偿债基金的计算公式：

$$A=S_A\times\frac{i}{(1+i)^n-1}$$

式中，$\frac{i}{(1+i)^n-1}$为偿债基金系数，可根据年金终值系数求其倒数来确定。

【例1-6】 假设某公司决定从今年建立偿债基金，计划在今后的第6年初偿还债务100万元，若银行存款利率为8%，问今后5年内每年末需存入银行多少钱？

根据题意：S_A=1 000 000，n=5，i=8%。查（S_A/A，8%，5）=5.867，则

$A=1\ 000\ 000\times\frac{1}{5.867}=170\ 444.86$（元）

（3）普通年金现值的计算。普通年金现值是指每期期末收入或支出等额款项的复利现值之和。由于普通年金没有第一期期初的收付款，而有n期期末的收付款，普通年金现值的计算可用图1-3说明。

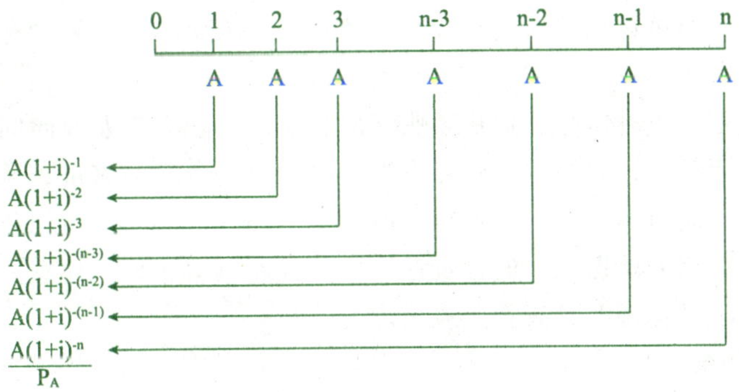

图1-3　普通年金现值计算图

设P_A为普通年金现值，其计算公式为：

$$P_A=A(1+i)^{-1}+A(1+i)^{-2}+\cdots+A(1+i)^{-(n-1)}+A(1+i)^{-n}$$

经移项、整理可得：

$$P_A=A\times\frac{1-(1+i)^{-n}}{i}$$

式中，$\frac{1-(1+i)^{-n}}{i}$为普通年金现值系数，也可用（P_A/A，i，n）表示，可查“一元年金现值系数表”（见本书附表四）。

【例1-7】 已知年利率8%，企业打算连续10年在每年末取出10万元。现在（第一年初）企业应一次存入多少钱？

根据题意：A=100 000，n=10，i=8%。查（P_A/A，8%，10）=6.71，则

$$P_A = A \times \frac{1-(1+i)^{-n}}{i} = 100\ 000 \times 6.71 = 671\ 000 \text{（元）}$$

【例1-8】 假设你准备买一套商品房，总计房款100万元，如果首付30%，年利率8%，银行提供20年按揭贷款，则每年应付款多少？如果每月不计复利，每月付款额是多少？

根据题意：P_A=购房总共需贷款额=100（1-30%）=70（万元），n=20，i=8%。查（P_A/A，8%，20）=9.818，由于 $P_A = A \times \frac{1-(1+i)^{-n}}{i}$，则

$$\text{每年分期付款额 } A = P_A \div \frac{1-(1+i)^{-n}}{i} = \frac{70}{9.818} = 7.13 \text{（万元）}$$

$$\text{每月付款额} = \frac{7.13}{12} = 0.594 \text{（万元）}$$

小资料

目前，商品房的按揭贷款有两种还款方式：一是每期还等额本息；二是每期还等额本金。

二、风险收益均衡观念

假如你是鑫华公司财务人员，除了将15万元存入银行外，你还会将钱用于哪些地方？你能分析其利弊吗？通过讨论，对购买股票、债券、存入银行等几种情况的收益和风险进行总结。

货币时间价值是在没有风险和通货膨胀下的收益率，没有涉及风险问题。但市场经济是风险经济，在财务活动中，风险是客观存在的。对单个投资行为来讲，风险行为可能取得很高的实际收益，也可能血本无归，导致很大的风险损失。但从整个市场角度看，风险和收益存在一种均衡关系。充分认识风险的客观存在性，提高风险意识，建立一个有效的、完备的财务预警机制，对于科学理财具有重要意义。

（一）风险的概念

从上述的分析我们可以看出：一是将钱存在银行能够确知一年后将得到的本利和，只有一种肯定的结果，几乎没有风险；二是将钱购买股票，未来股票价值不能肯定，其后果是不确定的，这种后果的不确定性，就叫有风险。

风险是在一定条件下和一定时期内可能发生的各种结果的变动程度。例如，我们在预计一个投资项目报酬时不可能做到十分精确，而且有些事情还可能超出我们可控范围，这就决定了投资项目存在一定的风险。

在我们的现实生活中有多种投资渠道，如购买国库券、购买股票、投资于其他企业等。很显然，投资于股票比投资于国库券的风险大得多。同样是股票，投资于垃圾股比投资于绩优成长股风险大得多。这就说明投资风险大小是客观存在的，但风险大小又是可以选择的，

是在“一定条件下”的风险。

风险的大小随时间变化而变化，如我们对一个投资项目成本事先的预计可能不很准确，越接近完工则预计越准确。随着时间的推移，事件的不确定性在缩小，事件完成，其结果也完全肯定。因此，风险总是在“一定时期内”的风险。

(二) 风险的类别

1. 经营风险。经营风险主要指公司的决策人员和管理人员在经营管理过程中出现失误而导致公司赢利水平变化，从而使投资者的预期收益下降的可能。

经营风险来自内部因素和外部因素两个方面。企业的内部因素主要有：一是项目投资决策失误，未对投资项目作可行性分析，草率上马；二是不注意技术更新，使自己在行业中的竞争实力下降；三是不注意市场调查，不注意新产品开发，仅满足于目前公司产品的市场占有率和竞争力，满足于目前的利润水平和经济效益；四是销售决策失误，过分信赖大客户、老客户，没有花力气打开新市场，寻找新的销售渠道等等。外部因素是公司以外的客观因素，如政府产业政策的调整、竞争对手的实力变化使公司处于相对劣势地位，引起公司经营管理水平的相对下降等。但是，经营风险主要还是来自于公司内部的决策失误或管理不善。

2. 财务风险。财务风险是指公司财务结构不合理、融资不当使公司可能丧失偿债能力而导致投资者预期收益下降的风险。

负债经营是现代企业应有的经营策略，通过负债经营可以弥补自有资金的不足，还可以用借贷资金来实现盈利。股份公司在生产经营中所需的资金一般都来自发行股票和举债两个方面，其中，债务（包括应收贷款、发行企业债券、商业信用）的利息负担是一定的，如果公司资金总量中债务比重大且公司的资金利润率低于利息率，就会使股东的可分配盈利减少、股息下降，时间一长，公司将出现亏损，甚至还可能因无力偿还债务而遭受灭顶之灾。

3. 信用风险。信用风险也称违约风险，指不能按时向证券持有人支付本息而使投资者造成损失的可能性。造成违约风险的直接原因是公司财务状况不好，最严重的是公司破产。普通股股息虽不固定，但仍有信用风险，若公司不能按期偿付债务立即会影响股票价格。

(三) 风险收益均衡

一般而言，投资者是讨厌风险的，并力求回避风险，但还是有人愿意进行风险投资取得风险价值，这是一种额外的收益。风险和收益是一种对称关系。即所谓“高风险、高回报，低风险、低回报，无风险、无回报”，风险和收益的这种关系是市场竞争的结果。

在财务活动中，风险收益均衡的观念要求在财务活动中必须考虑收益和风险的价值对称性，也就是依财务活动所面临的风险大小来确定必要报酬率。

三、成本效益观念

我们在日常生活中，经常会说做什么事是否划算？我们潜意识已经对收益和成本进行了比较，已经运用了成本效益观念。

从企业的角度来看，成本效益观念是指一项财务决策要以效益大于成本为原则，即某一项目的效益大于其所需成本时，予以采纳；否则，放弃。

在理财过程中，进行成本、效益比较，这里的成本和财务会计上的成本有所不同。这里的成本包括机会成本，但不包括沉没成本。

（一）机会成本

假设你手里有一笔钱且只能有一个用途，你要么把钱存入银行，要么购买债券，当你把钱存入银行，就放弃了购买债券的利息收入，当你把钱用于购买债券，就放弃了把钱存入银行的利息收入。这种放弃的收入就是你的机会成本。

机会成本可以理解为把一定资源投入某一用途后所放弃的在其他用途中所能获得的利益。

机会成本主要应用在投资过程中。在投资决策中，放弃次优方案而损失的“潜在利益”是选取最优方案的机会成本。

小问题：你初中毕业后，选择了继续上学，你上学的机会成本是什么？

（二）沉没成本

如果你预订了一张电影票，已经付了票款且假设不能退票，此时你付的价钱已经不能收回，就算你不看电影，钱也收不回来。电影票的价钱就是你的沉没成本。**沉没成本是指在项目决策中，在项目分析之前发生的成本费用。**如项目启动前的市场调查费用，它无论项目是否立项，都已经花费出去了，因此属于项目决策的沉没成本。

成本效益观念是一种既原始朴素、又具有生命力的财务观念，它被用于财务决策的很多方面。如项目投资决策、短期营运资金决策与管理等等。

小问题：你如何理解用“拿钱买教训”、“交学费”的观点来看待沉没成本？

习　题

一、单项选择题

1. 企业同其所有者之间的财务关系反映的是（　　）。
   A. 经营权与所有权的关系　　B. 纳税关系
   C. 投资与受资关系　　D. 债权债务关系

2. 表示资金时间价值的利息率是（　　）。
   A. 银行同期贷款利率
   B. 银行同期存款利率
   C. 加权资本成本率
   D. 没有风险和没有通货膨胀条件下社会资金平均利润率

3. 距今若干期后发生的每期期末收款或付款的年金称为（　　）。
   A. 后付年金　　B. 先付年金
   C. 递延年金　　D. 永续年金

4. 一项 500 万元的借款，借款期 5 年，年利率为 8%，若每半年复利一次，年实际利率与名义利率相比，会（　　）。
   A. 高　　B. 低
   C. 相同　　D. 不一定

5. 普通年金是指在一定时期内每期（　　）等额收付的系列款额。

A. 期初　　B. 期末
C. 期中　　D. 期内

6. 当银行利率为10%时，一项6年后付款800元的购货，若复利计息，相当于第1年初一次现金支付的购价为（　　）元。

A. 451.6　　B. 500
C. 800　　D. 400

7. 普通年金终值系数的倒数称为（　　）。

A. 复利终值系数　　B. 偿债基金系数
C. 普通年金现值系数　　D. 投资回收系数

8. 在下列年金中，只有现值没有终值的年金是（　　）。

A. 普通年金　　B. 预付年金
C. 永续年金　　D. 递延年金

9. 某人目前向银行存入1 000元，银行存款年利率2%，在复利计息的方式下，5年后此人可以从银行取出（　　）元。

A. 1 100　　B. 1 104.1
C. 1 204　　D. 1 106.1

10. 某人拟进行一项投资，投资额为1 000元，该项投资每半年可以给投资者带来20元的收益，则该项投资的年实际报酬率是（　　）。

A. 4%　　B. 4.04%
C. 6%　　D. 5%

二、多项选择题

1. 影响资金时间价值大小的因素主要有（　　）。

A. 资金额　　B. 利率和期限
C. 计息方式　　D. 风险

2. 年金按其每次收付款发生时点的不同可分为（　　）。

A. 普通年金　　B. 先付年金
C. 递延年金　　D. 永续年金

3. 对于时间价值概念的理解，下列表述正确有（　　）。

A. 货币只有经过投资和再投资才会增值，不投入生产经营过程的货币不会增值
B. 一般情况下，资金的时间价值应按复利方式来计算
C. 资金的时间价值不是时间的产物，而是劳动的产物
D. 不同时期的收支不宜直接进行比较，只有把它们换算到相同的时间基础上，才能进行大小的比较和比率的计算

4. 计算普通年金现值所必须的资料有（　　）。

A. 年金　　B. 终值
C. 期数　　D. 利率

5. 实际工作中以年金形式出现的是（　　）。

A. 采用加速折旧法所计提的各年的折旧费　　B. 租金

C. 等额分期付款　　D. 保险费

6. 下列关于普通年金现值正确的表述为（　　）。

A. 普通年金现值是指为在每期期末取得相等金额的款项现在所需要投入的金额

B. 普通年金现值是指未来一定时间的特定资金按复利的现值

C. 普通年金现值是一定时期内每期期末收付款项的复利现值之和

D. 普通年金现值是指为在一定时期内每期期初取得等额的款项，现在所需要投入的金额

7. 下列表述中，正确的有（　　）。

A. 复利终值系数和复利现值系数互为倒数

B. 普通年金终值系数和普通年金现值系数互为倒数

C. 普通年金终值系数和偿债系数互为倒数

D. 永续年金无终值

8. 下列表述中正确的有（　　）

A. 沉没成本是过去发生的成本　　B. 沉没成本是和决策无关的成本

C. 沉没成本是和决策有关的成本　　D. 沉没成本就是机会成本

9. 下列各项中，（　　）不会引起企业财务风险

A. 举债经营　　B. 生产组织不合理

C. 销售决策失误　　D. 新材料出现

10. 从企业本身看，风险可以分为（　　）。

A. 市场风险　　B. 经营风险

C. 特有风险　　D. 财务风险

三、判断题

1. 企业财务管理是企业管理的一个组成部分，区别于其他管理的特点在于它是一种使用价值的管理。（　　）

2. 企业财务是指企业在生产经营过程中客观存在的资金运动及其所体现的经济利益关系，称为财务活动。（　　）

3. 在利率和计息期相同的条件下，复利现值系数与复利终值系数互为倒数。（　　）

4. 风险与收益是对等的，风险越大，收益的机会越多，期望的收益率就越高。（　　）

5. 名义利率是指一年内多次复利时给出的年利率，它等于每期利率与年内复利次数的乘积。（　　）

6. 风险管理并不等于回避风险。（　　）

7. 年金是指每隔一年，金额相等的一系列现金流入量或流出量（　　）

8. 永续年金只有终值，没有现值。（　　）

9. 当每年复利次数为一次时，给出的是实际利率；当每年复利次数超过一次时，给出的是名义利率。（　　）

10. 资金时间价值是指一定量的资金在不同的时点上的价值量。（　　）

四、计算题

1. 企业现存入一笔款项100万元，年利率为10%，试问：5年后，按单利和复利计算，分别可得到多少钱？（假设每年复利一次）

2. 某人分期购买一套住房，每年末支付5万元，分10次付清，假设年利率为3%，复利计息，则该项分期付款相当于现在一次性支付多少钱？

3. 某公司有一项付款业务，有甲、乙两种付款方式可供选择。甲方案：现在支付15万元，一次性结清。乙方案：分5年付款，1~5年各年末的付款分别为3万元、3万元、4万元、4万元、4万元，年利率为10%。

要求：按现值计算，选择较优方案。

4. 甲公司2010年和2011年对C设备投资均为6万元，该项目2012年初完工投产：2012年、2013年、2014年末预期收益为5万元；银行存款复利利率为8%。

要求：按年金计算：

（1）2012年初投资额的终值；

（2）2012年初各年预期收益的现值。

5. 某人拟于明年初借款4.2万元，从明年末开始，每年末还本付息额均为0.6万元，连续10年还清。假设预期最低款利率为8%，问此人是否能按其利率借到款项？

第2章 筹资管理

学习目标：☐ 掌握筹资的概念、原则、筹资渠道和筹资方式
☐ 掌握资本成本的概念、计算方法
☐ 掌握筹资风险的概念、种类

第一节 筹资概述

2011年随着经济形势的好转，鑫华公司拟扩大生产规模，增加固定资产投资。由于固定资产的增加，需要增加库存材料、招收新的工人等。经测算，购买设备的支出100万元，库存材料增加20万元，货币资金增加16万元。除了银行的存款16.62万元外，其余的资金缺口如何筹集？你能为鑫华公司解决这些问题吗？

问题：

1. 鑫华公司共需要筹集多少资金？
2. 从哪里筹？
3. 以什么方式筹？是以集资入股的方式还是以借款的方式筹集资金？这些方式有什么利弊？

以上这些问题就是我们在筹集资金时要解决的问题。

一、为什么要筹资

资金是财产物资的货币表现，资金问题是中小企业发展的最重要的问题，如融资困难、资金链断裂、资不抵债等，无不直接与资金发生关系。

1. 资金问题具有普遍性。任何一个企业或多或少都存在资金的问题，只是表现形式不

同而已。资金短缺是资金问题的典型形式和表象。

2. 资金问题具有长期性。由于企业在规模、管理等方面存在一定的差距，特别是中小企业在资金筹措方面处于不利的地位，资金供需的缺口将长期存在。企业的不断发展也需要更多资金来支持。

3. 资金问题的重要性。资金是企业的血液，只有足够的资金并且在企业内部供、产、销各环节循环流动，才能使企业得以生存和发展。我国企业不能持续经营绝大多数是因为资金链出了问题。

资金问题的普遍性、长期性、重要性，决定了资金是企业生存和发展的基础。如上述鑫华公司必须筹集到120万元，才能满足企业经营管理的需要。进一步说，由于筹资，使用他人资金是要付出代价的，如借入款项需要支付利息、入股资金需要参与分红等。这就意味着使用他人资金需要承担一定的风险。资金来源不同，风险不尽相同，财务人员应该慎重选择，降低筹资风险，减少筹资成本。因此，筹资的第二个目的就是不断调整筹资结构，降低筹资风险，减少筹资成本。

二、从哪里筹资

这就是我们通常所说的筹资渠道，主要是指提供资金的途径。从我国的实际情况看，企业筹资的渠道主要包括以下几个途径：国家投资，包括国家的直接拨款、税前还贷、减免税款等；银行的信贷资金；非银行金融机构资金；其他企业资金；居民个人资金；企业自留资金和外商资金等。就鑫华公司而言，其筹资渠道主要包括银行的信贷资金、居民个人资金、其他企业资金和企业的自留资金等。

三、以什么方式筹资

这就是我们通常所说的筹资方式。它是指企业筹措资金所采用的具体形式。目前，我国企业筹资方式一般有以下几种：吸收直接投资、发行股票、发行债券、银行借款、商业信用、融资租赁、利用留存收益等。就鑫华公司而言，可以通过入股形式（吸收直接投资）或者借入款项、商业信用和利用留存收益的形式筹集所必需的资金。

> **小知识**
>
> 非银行金融机构包括保险公司、信托投资公司、信用合作社、融资租赁机构、风险投资机构、企业财务公司等。

根据前面的阐述，我们可以概括出筹资的概念：**筹资是通过一定的渠道，采取适当的方式筹措生产经营活动所需资金的财务活动，是理财的首要环节。**

四、筹资的种类

企业从不同筹资渠道和采用不同的筹资方式筹集的资金，可以按不同的划分标准区分为不同的类型。

（一）按所筹集资金的权益性质分类

1. 股权资本。股权资本是企业依法筹集并长期拥有、自主支配的资金。我国企业的股权资本主要包括资本金、资本公积金、盈余公积金和未分配利润等。股权资本的筹集主要有吸收直接投资和股票筹资两种方式。股权资本是一种高成本、低风险资本。

2. 负债资金，又称借入资金或债务资金，是企业依法筹措并依法使用，按期偿还的资金，主要包括银行或非银行金融机构的各种借款、应付债券、应付票据、融资租赁、商业信用等内容。负债资金是以还本付息为条件借入的资金，是一种低成本、高风险资本。

股权资本和债务资金的主要差异见表2－1。

表2－1

债务资金	股权资本
固定索取权	剩余索取权
可抵免税收	不可抵免税收
在财务困境或破产时具有优先清偿权	在财务困境或破产时只有最后清偿权
固定期限	没有固定期限
无管理控制权	有管理控制权
主要表现为银行借款、公司债券、商业票据等	主要表现为所有者股权、风险资本、普通股、认股权证等

（二）按所筹集资金的期限长短分类

1. 长期资金。长期资金是指使用期限在一年以上的资金，它是企业长期、持续、稳定地进行生产经营的前提和保证。长期资金主要通过吸收直接投资、发行股票、发行长期债券、长期银行借款、融资租赁等形式筹集。

2. 短期资金。短期资金是指使用期限在一年以内的资金，它是因生产经营过程中短期性的资金周转需要而引起的。短期资金主要是通过短期借款、商业信用等方式筹集。

（三）按筹资活动是否通过金融机构分类

1. 直接筹资。直接筹资是指企业不经过银行等金融机构，直接面对资金供应者借贷或发行股票、债券等方式所进行的筹资活动。

2. 间接筹资。间接筹资是指企业借助银行等金融机构进行的筹资，其主要形式为银行借款、非银行金融机构的借款、融资租赁等。间接筹资是目前我国企业最为重要的筹资方式。

（四）按资金的取得方式分类

1. 内部筹资。内部筹资是指从企业内部所筹集的资本。从企业内部开辟资金来源有三个方面：企业自有资金、企业应付税利和利息。

2. 外部筹资。外部筹资是指从企业外部市场取得的资本，主要包括专业银行信贷资金、非金融机构资金、其他企业资金、民间资金和外资。从企业外部筹资具有速度快、弹性大、资金量大的优点。

五、不同筹资方式的比较

由于不同的筹资方式具有不同的特点，企业应该根据不同阶段、不同时期资金的需求，选择不同的筹资方式。下面就中小企业的主要筹资方式比较其优劣。

（一）吸收直接投资

1. 吸收直接投资的概念。吸收直接投资是指企业以协议合同的形式吸收国家、其他企业、个人和外商等直接投入的资金形成企业资本金的一种筹资方式，是非股份制企业筹集股权资本最主要的形式。

> **小知识**
>
> 我国《公司法》规定：全体股东的货币资金出资额不得低于有限责任公司注册资本的30%。

吸收直接投资可以采用多种方式，从出资者的出资形式看，主要有两种类型：(1) 吸收现金投资。吸收现金投资是企业吸收直接投资最为主要的形式之一。(2) 吸收非现金投资，包括实物投资和无形资产投资。

2. 吸收直接投资的优缺点。

(1) 吸收直接投资的优点。吸收直接投资是我国大多数非股份制企业筹集资本金的主要方式。它具有以下优点：一是吸收直接投资筹集资本属于股权资本，与债务资本相比，它能提高企业对外负债的能力，吸收的直接投资越多，举债能力就越强。二是吸收直接投资不仅可以筹集现金，而且能够直接取得所需先进设备和技术，从而能尽快地形成企业的生产经营能力。如有的合伙人可以以专利技术作为其出资方式，这样可以使专利技术尽快转化为生产能力。三是吸收直接投资方式与股票筹资相比，程序相对简单，筹资速度较快。股票筹资是股份公司筹集资本的主要方式，但通过股票发行筹集资本的程序相对比较复杂，包括申请程序、审批程序、复审程序、与证券经营机构签订证券承销协议，并要由证券经营机构承销股票、进行股票发售工作等。

(2) 吸收直接投资的缺点。吸收直接投资也存在一定的缺点，主要表现在：一是吸收直接投资的成本较高。由于吸收直接投资形成了企业的出资人，其必须参与企业的分红，当企业的经济效益较好时，分红的支出大大高于你的举债成本。这也就是一些业绩好的企业倾向于举债的原因。二是在产权关系不明确的情况下吸收投资容易产生产权纠纷。

（二）长期借款

长期借款是指企业根据借款协议或合同向银行或其他金融机构借入的，期限在一年以上的款项，它以企业的生产经营和获利能力为依托，用于满足企业长期资产投资和永久性流动资金的需要。

1. 长期借款的种类。

(1) 按提供贷款的机构分类，有政策性银行贷款和商业银行贷款。政策性银行贷款具有政策倾向性，其贷款面相对较窄；商业银行贷款是以"效益性、安全性、流动性"为经营原则，根据国家的方针政策和产业政策，向企业所提供的贷款。

(2) 按贷款有无担保品分类，可将贷款划分为信用贷款、担保贷款和票据贴现。信用贷款是指企业依靠自身的信誉而无需提供抵押品或法人担保向银行取得的贷款。这种贷款手续简便，利率相对较高，贷款数额受公司经营、财务情况的限制，但对银行来说，其风险较大。担保贷款包括保证贷款、抵押贷款和质押贷款。保证贷款是指公司按《中华人民共和国担保法》规定的保证方式，由第三人承诺在其不能偿还贷款时，按约定承担一般保证责任或连带责任而取得的贷款，即当贷款公司不能按期归还本息，保证人负有代为归还的经济责任。抵押贷款是以贷款公司提供抵押品（抵押借款的抵押品可以是不动产、机器设备等实物资产，也可以是股票、债券等有价证券），或以第三人提供的抵押品作为还款保证从而取得的贷款。如公司不能按期归还本息，银行可按贷款合同的规定变卖抵押品，以所得款项收回本息。质押贷款是以贷款公司或第三人的动产或权利作为质物从而取得的贷款。票据贴现是指公司将未到期的商业票据卖给银行从而取得的贷款。

（3）按贷款用途分类，可分为流动资金贷款、固定资产投资贷款、更新改造贷款、科技开发和新产品试制贷款。流动资金贷款包括流动基金贷款、周转性贷款、临时贷款和结算贷款，是企业为解决流动资金不足向银行申请的贷款。固定资金贷款包括基本建设贷款、技术改造贷款、专用基金贷款，是企业为满足其对固定资产的维修、更新、改造或扩大的资金需求而向银行申请的贷款。科技开发贷款是企业为解决引进先进技术、新工艺、开发新产品的资金需要而向银行申请取得的贷款。

2. 长期借款的优劣分析。

优点：

（1）筹资迅速。长期借款所要办理的手续相对于发行股票、债券等方式较为简单，具有程序简便、迅速快捷的特点。

（2）借款弹性较大。由于长期借款是企业和银行直接协商，企业可根据用款计划对借款的数额和时间进行妥善安排，具有一定的灵活性。

（3）成本低。由于利息是在税前列支且筹资费用低，因此其债务成本相对较低。

缺点：

（1）筹资风险大。尽管长期借款具有灵活、成本低的优点，但由于还本付息的固定性，企业若资金周转出现问题，可能造成无法及时还本付息，因而企业偿付压力大，筹资风险大。

（2）使用限制多。借款合同是规定借贷当事人双方权利和义务的契约。借款合同具有法律约束力，借贷当事人双方必须遵守合同条款，履行合同约定的义务。借款合同包括基础条款和限制性条款。这些限制性条款在一定程度上限制了企业更好地运用资金的功能。

（3）筹资数量有限。与股票、债券等直接筹资对比，筹资数量相对有限。

（三）商业信用

商业信用是企业在商品购销活动过程中因延期付款或预收货款而形成的借贷关系，它是由商品交易中货与钱在时间与空间上的分离而形成的企业间的直接信用行为。

1. 商业信用的类型。

（1）应付账款。它由赊购商品形成，在这种形式下，账款的支付主要依靠于卖方的信用。卖方为促使买方及时支付货款，一般均给对方一定的现金折扣，如“2/10”、“N/30”等。在这种情形下，买方通过商业信用筹资的金额大小与是否享有折扣相关。

（2）应付票据。应付票据是企业进行延期付款商品交易时开具的反映债权债务关系的票据。根据承兑人的不同，应付票据分为商业承兑票据和银行承兑票据两种，支付期最长不超过 9 个月。应付票据的筹资成本低于银行借款的成本。

（3）预收货款。它是指卖方按合同或协议规定，在交付商品之前向买主预收部分或全部货款的信用方式。

2. 商业信用筹资的优劣分析。商业信用的使用权由买方掌握，筹资方便。同时，由于无需担保或抵押，限制性条件少，且大部分商业信用是免费的，所以筹资成本低；但是，商业信用筹资期限短，发生的次数频繁，故风险较大。

（四）短期借款

短期借款是指企业向银行和其他非银行的金融机构借入的期限在一年以内的借款。

1. 短期借款的种类。目前，我国的短期借款主要有生产周转借款、临时借款、结算借款等。

2. 短期借款利率及其支付方法。

（1）短期借款利率的种类：一是优惠利率。优惠利率是银行向财力雄厚、经营状况好的企业贷款时收取的名义利率，为贷款利率的最低限。二是浮动优惠利率。这是一种随其他短期利率的变动而浮动的优惠利率，即随市场条件的变化而随时调整变化的优惠利率。三是非优惠利率。银行贷款给一般企业时收取的高于优惠利率的利率。这种利率经常在优惠利率的基础上加一定的百分比。比如，银行按高于优惠利率1%的利率向某企业贷款，若当时的最优利率为8%，向该企业贷款收取的利率即为9%；非优惠利率与优惠利率之间差距的大小，由借款企业的信誉、与银行的往来关系及当时的信贷状况所决定。

（2）借款利息支付的方式：一是收款法，是在借款到期时向银行支付利息的方法。银行向工商企业发放的贷款大都采用这种方法收息。二是贴现法。贴现法是银行向企业发放贷款时，先从本金中扣除利息部分，而到期时借款企业则要偿还贷款全部本金的一种计息方法。采用这种方法，企业可利用的贷款额只有本金减去利息部分后的差额，因此贷款的实际利率高于名义利率。三是加息法。加息法是银行发放分期等额偿还贷款时采用的利息收取方法。在分期等额偿还贷款的情况下，银行要将根据名义利率计算的利息加到贷款本金上计算出贷款的本息和，要求企业在贷款期内分期偿还本息之和的金额。由于贷款分期均衡偿还，借款企业实际上只平均使用了贷款本金的半数，而却支付全额利息。这样，企业所负担的实际利率便高于名义利率约1倍。

3. 短期借款筹资的优缺点。在企业短期债务筹资中，短期借款的重要性仅次于商业信用。短期借款可以随企业的需要安排，便于灵活应用，且取得亦较简便。但它突出的缺点是短期内要归还，特别是在带有诸多附加条件的情况下，加剧了企业财务风险。

六、筹资的原则

（一）企业筹资需考虑的因素

企业在筹资过程中必须对影响筹资活动的各项因素进行分析，通过分析，寻求最佳的筹资渠道和筹资方式，提高筹资效益，降低筹资风险和筹资成本。这些因素包括：一是经济因素，如筹资成本、筹资风险、投资项目及收益能力、资本结构等；二是非经济因素，如国家的经济政策、筹资的难易程度、资金使用的约束程度、筹资对企业控制权的影响等等。

（二）筹资的原则

1. 规模适度。企业在进行筹资的过程中，无论通过何种渠道、采用何种方式，都应预先确定资金的需要量，使资金的需求量和供应量保持相对的平衡，防止筹资不足影响生产经营活动的正常开展，同时也应避免筹资过剩降低筹资效益。

2. 结构合理。由于股权资本和负债资金在筹资成本和筹资风险上具有不同的特点，股权资本和负债资金应该保持合理的结构，使负债的多少与股权资本和偿债能力的要求相适应，防止负债过多而增加财务风险，降低偿债能力；或者没有充分地利用负债经营，降低股权资本收益水平。

3. 成本节约。在筹资行为中必须认真地选择筹资来源和方式，降低企业筹资成本，提高筹资效益。

4. 时间合理。企业在筹资过程中必须服从于投资计划或投资时间，以避免因取得资金过早而造成投资前的闲置，或者取得资金的滞后而影响投资的时机。

5. 依法筹措。企业在筹资的过程中必须按照国家有关法律法规依法筹资，履行约定的责任，维护投资者权益。

第二节 资本成本

假如经过努力，银行同意借给鑫华公司流动资金20万元，期限6个月，年利率8%；同时以公司一座房子作抵押，贷款100万元，期限3年，年利率10%，每年付息一次，到期还本。公司还以历年结余20万元作为流动资金备用。

房屋抵押贷款的费用一般由五部分组成：（1）中介服务费，通常为贷款额的2%～7%；（2）利息，在国家基准利率（目前年息7.83%）的正负10%之间；（3）担保费，有贷款额的1.9%、2%、本息合计1.6%三种，保险费为贷款额的3‰；（4）违约金，贷款额的5%～25%之间；（5）评估费：房屋评估值的5‰。

假如鑫华公司为取得借款共支付中介服务费、保险费、评估费2万元。

从上述协议可知，企业使用银行的资金是要付出代价的，包括短期银行贷款利息费用，长期借款的利息、中介服务费、评估费、保险费等。这些就是我们使用资金所需要付出的代价，通常称为资本的成本。那么资本成本是多少？是否就等于利息支出呢？针对这一案例，分别对短期借款和长期借款进行分析讨论。

1. 短期借款：是指企业为维持正常的生产经营所需的资金或为抵偿某项债务而向银行或其他金融机构等外单的、还款期限在一年以下（含一年）的各种借款。短期借款主要有经营周转借款、临时借款、结算借款现借款、卖方信贷、预购定金借款和专项储备借款等等。本例中20万元就属于短期借款，每月利息支出为：$200\,000 \times 8\% \div 12 = 1\,333.33$ 元，列入财务费用。由于利息支出可以在税前列支，可以起到抵税的作用；即实际成本只有 $1\,333.33 \times (1-25\%) = 1\,000$ 元。用相对数表示为月成本0.5%，年成本为6%，就是我们所说的短期借款的资本成本。

2. 长期借款：是指企业向银行或其他金融机构借入的期限在一年以上（不含超过一年的一个营业周期以内）的各项借款。本例中100万元就属于长期借款，每年的利息支出100万元×10%＝10万元。根据会计制度的规定，因固定资产借入的长期借款在建造期间的利息支出列入固定资产的成本，固定资产达到预定使用状态后的利息支出列入财务费用。鑫华公司为取得长期借款共发生了中介服务费、保险费、评估费和利息费用。其中，中介服务费、保险费、评估费是在筹资时一次发生的，我们称为筹资费用，相当于筹资金额的抵减数。而利息费用是每年发生的，我们称为使用费用。由于固定资产的购置是一次完成，因此利息费用直接列入财务费用。同样，列入财务费用的利息支出也能起到抵税的作用，实际成本为 $10 \times (1-25\%) = 7.5$ 万元，用相对数表示为：$\frac{10 \times (1-25\%)}{100-2} \times 100\% = 7.65\%$。

上述筹资费用2万元和利息支出10万元，如用相对数表示为7.65%，我们称为长期借款的资本成本。

一、资本成本的概念和性质

（一）资本成本的概念

企业为筹措和使用资金而付出的代价称为资本成本。资本成本包括筹资费用和使用费用两部分。

1. 筹资费用。它是指企业在筹资过程中为获得资本而付出的费用，如向银行借款时需要支付手续费，发行股票、债券而支付的发行费用、资产评估费用、审计费用、律师费用、公证费用等。上述案例中，鑫华公司支付的评估费、服务费等2万元就是筹资费用。

2. 使用费用。它是指企业在生产经营过程中因使用资金而支付的费用。如向股东支付的股利、向银行支付的利息、向债券持有者支付的债息等。上述案例中，鑫华公司应付的短期借款利息和长期借款利息就是使用费用。

资本成本是筹资与投资决策中的重要概念，主要是因为：首先，资本成本是企业的投资者（包括股东和债权人）对投入企业的资本所要求的收益率；其次，资本成本是投资项目的机会成本。

提示：资本成本是一个相对的概念，从筹资方看属于成本；从投资方看，则属于投资收益或必要的报酬。也正是因这一理由，企业在筹资时往往将资本成本作为衡量项目是否可行的主要财务依据。

（二）资本成本的性质

资本成本是市场经济条件下，资本使用权和所有权相分离的结果。

1. 资本成本是资本使用者向资本所有者和中介机构支付的费用。资本成本的产生是由于资本所有权与使用权的分离。当资本所有者的资本闲置时，可直接或间接地将闲置资本的使用权转让给他人。这种资本的使用权的转让，从资本所有者角度来讲，由于他放弃了一段资木使用权并相应承担一定的风险，因此必须要求获得一定的报酬，这种报酬就是资木使用权转让的收益；从资本使用者的角度看，由于他获得了资本的使用权并由此获得收益的机会，因此必须向资本所有者支付一定的费用，这种费用就是资本的成本。

2. 资本成本具有一般产品成本的基本属性即同为资金耗费，但又不同于账面成本，而属于预测成本，其一部分计入成本费用，相当一部分则作为利润分配处理。

想一想：利息费用在会计上如何核算？股息在会计上如何核算？

3. 资本成本的基础是资金时间价值，但通常还包括投资风险价值和物价变动因素。

二、资本成本的计算

资本成本作为资本所有者的必要报酬，也是作为衡量投资项目是否可行的主要财务依据。那么，资本成本如何计量？

资本成本的计量可以用绝对数表示，也可以用相对数表示。用绝对数表示的，如借入长期资金即指资金占用费和资金筹集费；用相对数表示的，如借入长期资金即为资金占用费与实际取得资金之间的比率，但是它并不简单地等同于利息率，两者之间在含义和数值上是有区别的。在财务管理中一般用相对数表示，上述鑫华公司长期借款的资本成本为 7.65%。

资本成本包括筹资费用和使用费用两部分，相比之下，资本使用费是筹资企业重复发生的，而资本筹集费通常在筹集资金时一次性发生，因此在计算资本成本时可作为筹资金额的一项扣除。其计算公式为：

$$K = \frac{D}{(P - F)} \times 100\% = \frac{D}{P\ (1 - f)} \times 100\%$$

式中，K 为资本成本，以百分率表示；D 为使用费用；P 为筹资总额；F 为筹资费用；f 为筹资费率，即筹资费用与筹资数额的比例。

资本成本有多种运用形式：一是在比较各种筹资方式时，使用的是个别资本成本，如借款资本成本率、债券资本成本率、普通股资本成本率、优先股资本成本率、留存收益资本成本率；二是进行企业资本结构决策时，则使用综合资本成本率；三是进行追加筹资结构决策时，则使用边际资本成本率。

（一）个别资本成本

1. 银行借款的资本成本。银行借款的资本成本是指借款利息和筹资费用。由于银行借款的利息计入税前成本费用，可起到抵税的作用，因此对于短期借款和长期借款中一次还本、分期付息借款的成本为：

$$K = \frac{I\ (1 - T)}{L\ (1 - f)}$$

式中，K 为借款资本成本；I 为借款年利息；T 为所得税率；L 为借款筹资额（借款本金）；f 为借款筹资费率。

由于借款的年利息 $I = L \times R$，则上述公式也可以改为以下形式：

$$K = \frac{R\ (1 - T)}{1 - f}$$

式中，R 为借款的利率。

当借款的筹资费很小时，也可以忽略不计。

【例 2－1】 某企业取得 5 年期长期借款 200 万元，年利率为 10%，每年付息一次，到期一次还本，筹资费用率为 0.5%，企业所得税率为 25%。该项长期借款的资本成本为：

$$K = \frac{200 \times 10\% \times (1 - 25\%)}{200 \times (1 - 0.5\%)} = 7.54\%$$

$$或 = \frac{10\% \times (1 - 25\%)}{1 - 0.5\%} = 7.54\%$$

上述计算长期借款资本成本的方法比较简单，但缺点在于没有考虑货币的时间价值。在实务中，还有根据现金流量计算长期借款资本的时间价值。

【例 2－2】 某企业与银行商定的周转信贷额为 2 000 万元，年利率 8%，承诺费率为 5‰，借款企业年度内使用了 1 600 万元，余额为 400 万元。计算其资本成本。

周转信贷协定是指银行与企业签订的具有法律义务，承诺提供不超过某一最高限额的贷款协定。在协定的有效期内，只要企业借款总额未超过最高限额，银行必须满足企业任何时候提出的借款要求。企业享用周转信贷协定，通常要对贷款限额的未使用部分支付给银行一笔承诺费。

企业未使用的 400 万元，应向银行支付承诺费 2 万元（400 × 5‰），其计算过程如下：

$$K=\frac{I\ (1-T)}{L\ (1-f)}=\frac{(1\ 600\times8\%+2)\ (1-25\%)}{1\ 600}=6.09\%$$

【例2-3】 某企业按年利率8%向银行借款200万元，银行要求保留20%的补偿性余额，要求计算其资本成本。

补偿性余额是银行要求借款人在银行中保持按贷款限额或实际借用额的一定百分比（通常为10%～20%）计算的最低存款余额。补偿性余额有助于银行降低贷款风险，补偿其可能遭受的损失；但对借款企业来说，补偿性余额则提高了借款的实际利率，加重了企业的利息负担。其资本成本计算过程如下：

$$K=\frac{I(1-T)}{L(1-f)}=\frac{200\times8\%(1-25\%)}{160}=7.5\%$$

2. 留存收益成本。留存收益是企业缴纳所得税后形成的，其所有权属于股东。

留存收益往往被认为是不花成本的公司资金来源，但事实并非如此，因为从股东的观点来看，留存收益可以被要求以股利形式分给投资者，投资者再用这部分收益购买其他企业的股票或债券，或者存入银行获得收益。股东将这一部分未分派的税后利润留存于企业，实质上是追加投资，是期望获得更高的收益。这就涉及留存收益的机会成本，这种机会成本就是留存收益的成本。

小知识

留存收益包括哪些内容？主要包括累计计提的盈余公积和未分配利润。指定用途的叫盈余公积，未指定用途的叫未分配利润。

（二）综合资本成本

由于受多种因素的制约，企业在筹集长期资本时不可能只使用某种单一的筹资方式，而需要通过多种方式筹集所需资金。采取何种筹资方式，就要筹资决策，就要计算确定企业全部长期资本的总成本，即综合资本成本，也称加权平均资本成本。综合资本成本一般是以各种资本占全部资本的比重为权数，对个别资本成本进行加权平均确定的。其计算公式为：

$$K_w=\sum_{j=1}^{n}K_jW_j$$

式中，K_w为加权平均资本成本；K_j为第j种个别资本成本；W_j为第j种个别资本占全部资本的比重（权数）。

【例2-4】 鑫华公司如需筹集长期资金共120万元，其中长期借款100万元，保留盈余20万元；其资本成本分别为7.65%、10%。该企业的加权平均资本成本为：

$$加权平均资本成本=7.65\%\times\frac{100}{120}+10\%\times\frac{20}{120}=8.04\%$$

上述计算中的个别资本占全部资本的比重，是按账面价值确定的，其资料容易取得。但当资本的账面价值与市场价值差别较大时，如果有的企业通过发行股票、债券等筹集长期资金，股票、债券的市场价格发生较大变动，计算结果会与实际有较大的差距。为了克服这一缺陷，个别资本占全部资本比重的确定还可以按市场价值或目标价值确定，分别称为市场价值权数、目标价值权数。

注意： 由于资本成本一般只与企业的长期决策有关，因此，构成企业综合平均资本成本的只包括长期负债、普通股、优先股和保留权益等。

第三节　筹资风险

鑫华公司的短期贷款20万元，按规定每月21日支付银行利息1 333元。假设某月21日因企业销售款项没有及时收回，造成银行存款不足以支付利息，会造成什么后果？又假设鑫华公司的贷款期限已到，而企业没有足够资金归还贷款，又会有什么后果？

讨论：对于借款人到期不能按合同约定还本付息的，商业银行将按规定加罚利息。借款人到期不归还担保贷款的，商业银行依法享有要求保证人归还贷款本息或就该担保物优先受偿的权利。借款人到期不能归还信用贷款的，应当按照合同约定承担责任。对借款人不能归还或者不能落实还本付息事宜的，商业银行可依据《中华人民共和国经济合同法》和《商业银行法》等有关法律规定，对借款人提起诉讼。

一、筹资风险的概念和分类

（一）筹资风险的概念

我们大家都很清楚，企业借入资金一般均严格规定了借款人的还款方式、还款期限和还本付息金额，如果因企业经营不善、市场环境的改变等使借入资金不能产生效益，导致企业不能按期还本付息，就会使企业付出更多的经济代价。例如，向银行支付罚息、低价拍卖抵押财产、引起企业股票价格下跌等，严重的则会导致企业破产倒闭。因此，借款就存在一定的风险。我们把**由于负债还本付息的压力以及财务利息的固定性而给股东收益带来波动性的影响，称为"筹资风险"**。

小问题：你如何理解借款本身是一把"双刃剑"？

（二）筹资风险的分类

筹资风险是针对债务资金偿付而言，引起筹资风险产生的原因可分为以下两大类：

1. 现金性筹资风险。它是指企业在特定时点上现金流出量超出现金流入量，而产生到期不能偿付债务本息的风险。如鑫华公司尽管销售状况不错，企业盈利水平也较高，但由于货币支付时间和回笼的时间存在差异，以至借款到期时没有足够的资金还本付息，从而造成了风险，这就是现金性的筹资风险。可见，现金性的筹资风险是由于现金短缺、由于债务的期限结构与现金流入的期间结构不相配套引起的，它是一种支付风险。现金性的筹资风险具有以下特征：(1) 它是一种个别风险，表现为某一债务不能及时偿还，或者是某一时点的债务不能及时偿还。(2) 它是一种支付风险，与企业收支是否盈余无直接关系。(3) 它是由于理财不当引起的，表现为现金预算与实际不符而出现支付危机；或者是由于资本结构安排不当引起的。因此，现金性筹资风险是一种暂时性的偿债风险，只要通过合理安排现金流量和现金预算即能回避，对所有者收益的直接影响不大。

2. 收支性筹资风险。它是指企业在收不抵支的情况下出现的不能偿还到期债务本息的风险。如果鑫华公司没有足够的资金偿还本息，是由于长期的产品不适销对路、市场销售恶化、出现经营危机造成的，这就是收支性的筹资风险。它具有以下特征：（1）收支性筹资风险是一种整体风险，即对全部债务的偿还都产生不利的影响，它与某一具体的债务或某一时点债务的偿还无关。(2) 收支性筹资风险不仅仅是一种支付风险，而且意味着企业经营的失败，即处于收不抵支的破产状态，因此，这种风险不仅源于理财不当，而且主要源于经营不当。(3) 收支性筹资风险是一种终极风险，一旦出现收不抵支，企业债权人的权益将很难得到保障，而作为企业所有者的股东，其承担的风险和压力更大。

二、筹资风险的衡量

如何衡量筹资风险？主要方法有三种：财务杠杆系数法、概率分析法、指标分析法。

1. 财务杠杆系数法。它是利用财务杠杆系数的大小来判断其筹资风险的大小。

2. 概率分析法。它是利用统计学中的概率分布、期望值、标准差等来计算与衡量风险大小的一种方法，也是最为常见的一种方法。

3. 指标分析法。它主要利用偿债能力指标进行分析，包括短期偿债能力分析和长期偿债能力分析。

讨论： *你认为应如何规避筹资风险？*

第四节　筹资的日常管理

筹资的日常管理是企业财务管理的重要内容。筹资是企业资金运动的起点，是保证企业正常生产经营的前提，其工作成效直接影响到企业经济效益的好坏。因此，企业经营者必须把握好这几个主要问题：需要多少资金？何时需要？以何种合理方式筹集？资金的使用成本是多少？资金的使用风险如何控制等。筹资管理的目的应确保企业资金的筹集量和需求量达到平衡，尽量做到：资金及时到位，满足供应，不浪费，效率高。

一、科学预测资金需要量

资金的需要量是筹资的数量依据，必须科学合理地进行预测。筹资数量预测的基本日的，是保证筹集的资金既能满足生产经营的需要，又不会产生资金多余而闲置。

（一）定性预测法

定性预测法是利用相关的资料，依靠个人的经验和主观分析、判断能力预测未来资金需要量的方法。这是一种比较传统的预测方法，它不能揭示资金需要量与有关因素之间的数量关系。通常在企业缺乏完备、准确的历史资料情况下使用。

（二）定量预测法

定量预测法是运用一定的数学方法揭示资金需要量与有关变量之间的规律性联系，预测和推测未来资金需要量的一类预测方法。具体方法有：因素分析法、销售百分比法、线性回归分析法。

1. 因素分析法。因素分析法又称“分析调整法”，是以有关项目基期年度的平均资金需要量为基础，根据预测年度的生产经营任务和资金周转加速的要求，进行分析调整，来预测资金需要量的一种方法。利用这种方法，应首先在上年实际平均占用额的基础上扣除不合理的部分，然后根据预测期的生产经营任务和预测期加速资金周转的要求进行测算。该方法计算简便，容易掌握，但预测结果不太精确。通常用于品种繁多、规格复杂、资金用量小的项目。

因素分析法的计算公式如下：

$$资金需要量=\left(\begin{matrix}基期资金\\平均占用额\end{matrix}-\begin{matrix}不合理资\\金占用额\end{matrix}\right)\times\left(1\pm\begin{matrix}预测期销\\售增减额\end{matrix}\right)\times\left(1\pm\begin{matrix}预测期资金周\\转速度变动率\end{matrix}\right)$$

【例 2-5】 某公司上年度资金平均占用额为 5 000 万元，其中不合理的部分是 200 万元，预计本年度销售额增长率为 3%，资金周转速度提高 2%，则

预测年度资金需要量 =（5 000 - 200）×（1 + 3%）×（1 - 2%）= 4 845. 12（万元）

2. 销售百分比法。

（1）基本原理。销售百分比法是根据销售增长与资产增长之间的关系，预测未来资金需要量的方法。企业的销售规模扩大时，要相应增加流动资产；如果销售规模增加很多，还必须增加长期资产。为取得扩大销售所需增加的资产，企业需要筹措资金。这些资金，一部分来自留存收益，另一部分通过外部筹资取得。通常，销售增长率较高时，仅靠留存收益不能满足资金需要，即使获利良好的企业也需外部筹资。因此，企业需要预先知道自己的筹资需求，提前安排筹资计划，否则就可能发生资金短缺问题。

销售百分比法将反映生产经营规模的销售因素与反映资金占用的资产因素连接起来，根据销售与资产之间的数量比例关系，预计企业的外部筹资需要量。利用销售百分比法，首先假设某些资产与销售额存在稳定的百分比关系，根据销售与资产的比例关系预计资产额，根据资产额预计相应的负债和所有者权益，进而确定筹资需要量。

（2）基本步骤。

第一步，确定随销售额变动而变动的资产和负债项目。首先区分敏感项目和非敏感项目，即将资产负债表中预计随销售变动而变动的项目分离出来。敏感项目是指那些与销售有基本稳定的比例关系的资产负债项目，包括敏感性资产和敏感性负债。其中，敏感资产一般包括货币资金、应收账款、存货等流动资产项目，而应收票据、短期投资、固定资产、长期投资、无形资产等则不属于短期内的敏感性资产；敏感性负债主要包括应计费用、应付账款等自然性的融资项目，但长期负债、短期借款、股本等则不会随销售增加而自动增加。

第二步，确定敏感性资产与敏感性负债有关项目与销售额的稳定比例关系。如果企业资金周转的营运效率保持不变，敏感性资产与敏感性负债会随销售额的变动而呈正比例变动，保持稳定的百分比关系。企业应当根据历史资料和同业情况，剔除不合理的资金占用，寻找与销售额的稳定百分比关系。

第三步，确定需要增加的筹资数量。预计由于销售增长而需要的资金需求增长额，扣除利润留存后，即为所需要的外部筹资额。即有：

$$外部融资需求量=\frac{A}{S_1}\times\Delta S-\frac{B}{S_1}\times\Delta S-P\times E\times S_2$$

式中，A 为随销售而变化的敏感性资产；B 为随销售而变化的敏感性负债；S_1 为基期销售额；S_2 为预测期销售额；ΔS 为销售变动额；P 为销售净利率；E 为利润留存率；A/S_1 为敏感资产与销售额的关系百分比；B/S_1 为敏感负债与销售额的关系百分比。

【例2-6】 某公司是一家有限责任公司，相关资料如表2-2所示。

表2-2　　2011年12月31日的资产负债表

资　产	金　额	负债和所有者权益	金　额
货币现金	10 000	短期借款	4 550
应收账款	8 250	应付账款	12 450
存　　货	15 000	预收账款	7 500
固定资产	25 000	应付债券	7 500
无形资产	250	股　　本	20 000
		留存收益	6 500
资产合计	58 500	负债和所有者权益合计	58 500

该公司2011年的销售收入为66 500万元，销售净利率为12%，股利支付率为50%。经测算，2012年该公司销售收入将达到80 000万元，销售净利率和股利支付率不变，无形资产也不相应增加。经分析，流动资产项目与流动负债项目（短期借款除外）随销售收入同比例增减。该公司2012年有一项固定资产投资计划，投资额为3 000万元。

要求计算：

（1）2011年年末敏感性资产占销售收入的百分比；

（2）20011年年末敏感性负债占销售收入的百分比；

（3）2012年需要增加的资金数额；

（4）2010年对外筹资数额。

解：

（1）敏感性资产销售百分比 =（10 000 + 8 250 + 15 000）/66 500 × 100% = 50%

（2）敏感性负债销售百分比 =（12 450 + 7 500）/66 500 × 100% = 30%

（3）需要增加的资金数额 =（50% − 30%）×（80 000 − 66 500）+ 3 000 = 5 700（万元）

（4）留存收益增加提供的资金 = 80 000 × 12% ×（1 − 50%）= 4 800（万元）

外部筹资额 = 5 700 − 4 800 = 900（万元）

销售百分比法的优点，是能为筹资管理提供短期预计的财务报表，以适应外部筹资的需要，且易于使用。但在有关因素发生变动的情况下，必须相应地调整原有的销售百分比。

二、选择合理的筹资渠道和筹资方式

筹资渠道是指筹集资金的方向与通道，体现为企业资金的来源，它属于企业资金供应的范畴。具体而言，目前企业筹资的渠道有如下几种：国家财政资金、银行信贷资金、非银行金融机构资金 、其他企业资金、企业自留资金、居民个人资金、外商资金等。

筹资方式是指企业筹集资金所采用的具体形式。目前主要的筹资形式有：吸收直接投资、发行股票、发行债券、银行借款、商业信用、租赁筹资等。

筹资渠道体现的是资金的来源，筹资方式则体现企业如何解决资金问题，两者相互独立又密切联系。特定的资金渠道只能配与相应的筹资方式，而一定的筹资方式可能只适用于某一特定的筹资渠道。因此，企业在短信资金时应当考虑两者的合理配置。

企业究竟采取什么方式筹集资金，要以所筹资金的投资项目收益率、项目的回收期和资金成本等财务评价为依据。筹资渠道和筹资方式之间既有区别又有联系，同一筹资渠道可以采取不同的筹资方式，同一筹资方式也可适用于不同的筹资渠道。

三、正确计算资本成本

资本成本是筹债和使用资金而付出的代价。资本成本是选择筹资方式、进行资金结构决策的依据；是评价投资方案、进行投资决策的重要标准；是评价企业经营业绩的重要依据。

四、合理控制筹资风险

企业在筹资的过程中，风险是客观存在的。实际工作中，至少存在着筹资活动违反国家法律法规，可能遭受外部处罚、经济损失和信誉损失；筹资活动未经适当审批或超越授权审批，可能因重大差错、舞弊、欺诈而导致损失；筹资决策失误，可能造成企业资金不足、冗余或债务结构不合理；债务过高和资金调度不当，可能导致企业不能按期偿付债务；筹资记录错误或会计处理不正确，可能造成债务和筹资成本信息不真实等方面的风险。

因此，企业在建立与实施筹资活动内部控制中，至少应当强化对关键方面或者关键环节的控制。包括：岗位责任制的建立、配备合格的人员、建立严格的授权批准制度、制定筹资业务流程、建立筹资决策、审批过程的书面记录制度等。

习　题

一、单项选择题

1. 在下列各项中，能够引起企业自有资金增加的筹资方式是（　　）。

A. 吸收直接投资　　B. 发行公司债券

C. 利用商业信用　　D. 留存收益转增资本

2. 根据财务管理理论，按照资金来源渠道不同，可将筹资分为（　　）。

A. 直接筹资和间接筹资　　B. 内源筹资和外源筹资

C. 权益筹资和负债筹资　　D. 短期筹资和长期筹资

3. 某企业年初从银行贷款 100 万元，期限 1 年，年利率为 10%，按照贴现法付息，则年末应偿还的金额为（　　）万元。

A. 70　　B. 90

C. 100　　D. 110

4. 在下列各项中，不属于商业信用筹资形式的是（　　）。

A. 延期付款，但不涉及现金折扣　　B. 预收货款

C. 办理应收账款转让　　D. 延期付款，但早付款可享受现金折扣

5. 在不考虑筹款限制的前提下，下列筹资方式中个别资金成本最高的通常是（　　）。

A. 发行普通股　　B. 留存收益筹资

C. 长期借款筹资　　D. 发行公司债券

6. 筹资风险，是指由于负债筹资而引起的（　　）可能性。

A. 企业破产　　B. 资本结构失调

C. 企业发生恶性循环　　D. 到期不能偿债

7. 某企业按年利率5.8%向银行借款1 000万元，银行要求保留15%的补偿性余额，则这项借款的实际利率约为（　　）。

A. 5.8%　　B. 6.4%

C. 6.8%　　D. 7.3%

8. 某公司上年度资金平均占用额为4 000万元，其中不合理的部分是100万元，预计本年度销售额增长率为-3%，资金周转速度提高1%，则预测年度资金需要量为（　　）万元。

A. 3 745　　B. 3 821

C. 3 977　　D. 4 057

二、多项选择题

1. 相对权益资金的筹资方式而言，长期借款筹资的特点主要有（　　）。

A. 财务风险较大　　B. 资金成本较高

C. 筹资数额有限　　D. 筹资速度较慢

2. 下列各项费用中，属于筹资费用的有（　　）。

A. 支付的借款手续费　　B. 向股东支付股利

C. 支付的股票发行费　　D. 支付借款利息

3. 企业进行筹资需要遵循的基本原则包括（　　）。

A. 规模扩张原则　　B. 筹措及时原则

C. 来源合理原则　　D. 方式经济原则

4. 关于吸收直接投资，下列说法正确的有（　　）。

A. 投资者只能以现金和实物出资　　B. 容易分散企业控制权

C. 有利于尽快形成生产能力　　D. 资金成本较低

5. 资金成本对企业筹资决策的影响表现在（　　）。

A. 资金成本是确定最优资金结构的主要参数

B. 资金成本是影响企业筹资总额的唯一因素

C. 资金成本是企业选用筹资方式的参考标准

D. 资金成本是企业选择资金来源的基本依据

6. 下列属于企业留存收益来源的有（　　）。

A. 法定公积金　　B. 任意公积金

C. 资本公积金　　D. 未分配利润

7. 企业筹资可以满足（　　）。

A. 生产经营的需要　　B. 对外投资的需要

C. 调整资本结构的需要　　D. 归还债务的需要

8. 运用因素分析法进行分析时，应注意的问题有（　　）。

A. 因素分解的关联性　　B. 因素替代的顺序性

C. 顺序替代的连环性　　D. 计算结果的准确性

三、判断题

1. 如果销售具有较强的周期性，则企业在筹集资金时不适宜过多采取负债筹资。（　　）

2. 筹资渠道解决的是资金来源问题，筹资方式解决的是通过何种方式取得资金的问题，它们之间不存在对应关系。（　　）

3. 资金成本是指筹资费用，即为筹集资金付出的代价。（　　）

4. 与长期负债融资相比，短期负债融资的期限短、成本低，其偿债风险也相对较小。（　　）

5. 资金成本是指企业筹资付出的代价，一般用相对数表示，即资金占用费加上资金筹集费之和除以筹资总额。（　　）

6. 贴现法是银行向企业发放贷款时，先从本金中扣除利息部分，而到期时借款企业再偿还全部本息的一种计息方法。（　　）

四、计算题

1. 假设某企业与银行签订了周转信贷协议，在该协议下，企业可以按12%的利率一直借到100万元的贷款，但必须按实际所借资金保留10%的补偿条款，如果该企业在此协议下今年借款为40万元，那么该借款的资本成本是多少？

2. 假如上例中企业另外还需要为信贷额度中未使用部分支付0.5%的承诺费，那么资本成本又是多少？

3. 某公司拟向银行借入长期借款100万元，年利率10%，借款期限为3年，每年付息一次，到期一次还本，筹资费率0.5%，所得税税率25%。要求计算长期借款的成本。

4. 某公司拟筹集长期资金100万元，其中，长期借款80万元，留存权益20万元，各种资本成本分别为6%、8%。试计算该筹资方案的综合资本成本。

5. 已知：某公司2010年销售收入为2亿元，销售净利润率为12%，净利润的60%分配给投资者。2010年12月31日的资产负债表（简表）见表2－3。

表2－3　　资产负债表（简表）

2010年12月31日　　单位：万元

资　产	期末余额	负债及所有者权益	期末余额
货币资金	1 000	应付账款	1 000
应收账款净额	3 000	应付票据	2 000
存货	6 000	长期借款	9 000
固定资产净值	7 000	实收资本	4 000
无形资产	1 000	留存收益	2 000
资产总计	18 000	负债与所有者权益总计	18 000

该公司2011年计划销售收入比上年增长30%，为实现这一目标，公司需新增设备一台，价值148万元。据历年财务数据分析，公司流动资产与流动负债随销售额同比率增减。

假定该公司2011年的销售净利率和利润分配政策与上年保持一致。

要求：

(1) 计算2011年公司需增加的营运资金；

(2) 预测2011年需要对外筹集资金量。

第3章

投资管理

学习目标： □ 掌握投资的概念和种类

□ 重点掌握固定资产投资决策的方法

□ 学会运用固定资产的折旧政策

第一节 固定资产投资决策

鑫华公司按计划筹措100万元固定资产借款，年利率10%，期限三年。用该借款购置设备一套，该设备预计使用5年，预计净残值率5%，经测算，每年可增加营业收入100万元，为实现营业收入每年需增加支付材料款40万元，支付工资等费用10万元。所得税税率25%，不考虑其他税费。这项投资是否可行？

请分析计算下列指标：

固定资产投资 =

每年的营业收入 =

每年付现成本 =

每年的折旧额 =

每年的所得税 =

税后净利 =

讨论：

（1）这个项目涉及的时间：从题意我们可以清楚看到包括建设期、生产经营期、终结期。为了便于分析，由于建设期属于一次性投入，我们假设在年初一次性投入。生产经营期1～5年，每年收入和付现成本假设在年末完成。终结期在生产经营期末结束。

（2）这个项目涉及的收付款项包括：建设期的投入（包括固定资产的投资）、生产经营期的收入和付出、终结期的收入（包括预计净残值收入）。

根据上述的分析讨论，我们把这些问题归纳在图3－1上。

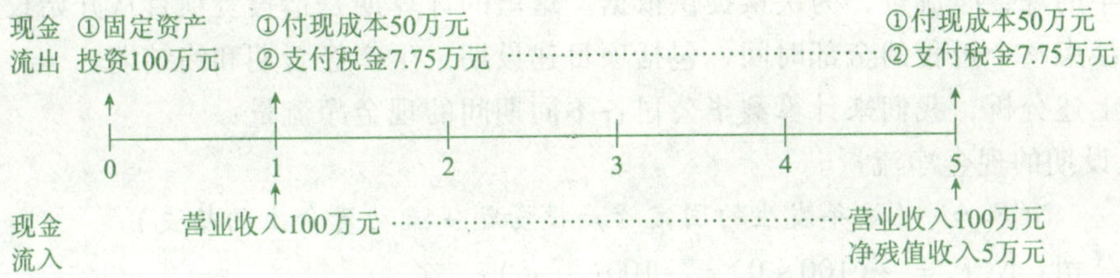

图3－1

这里涉及一个很重要的概念——现金流量。

一、投资决策的现金流量

现金流量是指投资项目所引起的现金流入量和流出量的统称。这里的“现金”是广义的现金，包括各种货币资金。用现金流量指标来进行分析，有利于科学地考虑资金的时间价值，比采用利润指标更科学，更能保证评价的客观性。

（一）现金流入量

现金流入量是投资项目引起的现金收入的数额。主要包括以下内容：

1. 增加的营业收入。指固定资产投入使用后，每年增加的销售收入或业务收入。

2. 残值收入。指固定资产在终结点报废清理时所回收的价值。

注意：如果由于固定资产投资项目投入使用需要增加垫支流动资金，则现金流入还包括：

3. 收回垫支的流动资金。指在项目计算期完全终止时而收回的原垫付的全部流动资金投资额。

（二）现金流出量

现金流出量是投资项目引起的现金支出数额。主要包括以下内容：

1. 固定资产的投资。是指形成的生产经营能力的各种直接支出，包括固定资产的购入或建造成本、运输成本、安装成本以及其他有关支出。这类支出一般表现为固定资产的增加。现金流出是随着投资的进行发生的，可能是一次性的，也可能是分次的。

2. 流动资产投资。投资形成的生产经营能力要投入使用，会引起对流动资产的需求，如正常的原材料储备、产成品储备等，这就要求企业追加流动资产投资，从而增加现金流出。

3. 新增的付现成本。指固定资产投入使用后每年增加的经营成本（也称付现成本）。企业总成本费用可分为两类：一类是付现成本，即每年需支付现金的各种成本和费用，如材料费用、人工费用、设备费用等；一类是非付现成本，如固定资产折旧、无形资产摊销等。付现成本可以用总成本减去折旧来估计。

4. 支付的税金。指固定资产投入使用后，因收入增加而支付的税金，包括所得税。

5. 清理费用。指固定资产在报废清理时所发生的费用。

（三）现金净流量

现金净流量是指一定期间现金流入量与现金流出量之间的差额，可用NCF表示。现金净流量的多少是评价投资方案是否可行的基础指标。一定期间，一般是指1年期间，流入量大于流出量时，净流量为正值；反之，净流量为负值。

计算现金净流量是进行固定资产投资决策的重要环节。我们应该计算一个投资项目在计算期内各年的现金净流量，为决策提供依据。这里的计算期是指投资项目从开始投资建设到最终清理结束整个过程的全部时间，包括项目建设期、生产经营期和终结期。

根据上述分析，我们来计算鑫华公司各不同期间的现金净流量：

1. 建设期的现金净流量。

$$NCF_0 = -(\text{该年发生的固定资产投资额} + \text{流动资金上的垫支})$$

鑫华公司：$NCF_0 = -(100+0) = -100$（万元）

2. 经营期间的现金净流量。

$$\begin{aligned} NCF_{1\sim n} &= \text{销售收入} - \text{付现成本} - \text{所得税} \\ &= \text{销售收入} - (\text{总成本费用} - \text{折旧}) - \text{所得税} \\ &= \text{净利润} + \text{折旧} \end{aligned}$$

由此可看出，增加的营业现金流入量由两部分组成：一部分是由净利润形成的货币增值；一部分是以货币形式收回的折旧。

鑫华公司：$NCF_{1\sim5} = 23.25 + 19 = 42.25$（万元）

3. 终结期现金净流量。

NCF_n = 固定资产净残值 + 回收垫支的流动资金

鑫华公司：$NCF_5 = 5 + 0 = 5$（万元）

【例3－1】 某企业计划投资购入一台设备以扩大生产规模，该设备初始投资需52万元，使用寿命为5年，期满后净残值为2万元，采用直线法计提折旧，另需垫支流动资金12万元，于初始投资时投入，于设备报废时收回，5年中每年的销售收入为30万元，付现成本为16万元，所得税税率为25%，请计算该方案各年的现金净流量。

解：

（1）每年的折旧额 $= \frac{52-2}{5} = 10$（万元）

（2）每年的年所得税 = ［年销售收入－年总成本费用（付现成本＋折旧）］×所得税率

$= [30 - (16+10)] \times 25\% = 1$（万元）

（3）每年的净利润 = 销售收入－总成本费用－所得税

$= 30 - (16+10) - 1 = 3$（万元）

（4）各年的现金净流量如下：

- 第0年：NCF = 现金流入量－现金流出量
  = －（固定资产投资＋垫支流动资金）
  $= 0 - (52+12) = -64$（万元）
- 第1年：NCF = 现金流入量－现金流出量 = 净利润＋折旧
  $= 3 + 10 = 13$（万元）
- 第2～4年同第一年相同。
- 第5年：NCF = 现金流入量－现金流出量
  = 净利润＋折旧＋净残值＋回收流动资金

$$=3+10+2+12-0=27\text{（万元）}$$

当我们了解了现金流量的基本含义，并能正确计算各年的现金流量后，我们就应该思考另外的一个问题：投资方案是否可行？

二、评价指标

（一）非贴现评价指标

判断一件事值不值得做，一个项目值不值得投资，最重要的是看它能够带来多少回报以及收回投资所需时间的长短。一个最简单的方法，就是看多久能够收回投资，我们称为“回收期”，这种方法不考虑资金的时间价值，也叫“非贴现评价指标”。

非贴现评价指标不考虑资金的时间价值，将不同时期的现金流量同等看待，以评价投资方案的可行性。这种评价指标对企业投资项目经济收益的反映显得不够客观。目前，常用的非贴现评价指标有静态投资回收期法和投资报酬率法，大多数情况这类指标只用于投资项目的初步评价。

1. 静态投资回收期法。**静态投资回收期法是指在不考虑资金时间价值的情况下，根据回收初始投资额所需时间的长短来判定方案是否可行的方法。**投资回收期越短，说明回收的速度越快，对企业投资者越有利。该方法的评价标准是：对单一方案而言，投资回收期小于期望回收期，方案即可行；对多个方案而言，投资回收期越短的，方案越优。计算方法如下：

（1）如果每年的现金净流量相等，投资回收期可按下式计算：

$$\text{投资回收期}=\frac{\text{初始投资额}}{\text{每年现金净流量}}$$

鑫华公司初始投资额100万元，每年营业现金净流量42.25万元。则：

$$\text{投资回收期}=\frac{\text{初始投资额}}{\text{每年现金净流量}}=\frac{100}{42.25}=2.37\text{（年）}$$

对于投资回收期的判断，一般希望是越短越好，回收期一般要求低于投资项目经济寿命的一半。

（2）如果每年的现金净流量不等，则需要先计算每年年末尚未收回的投资额，再计算投资回收期。

【例3-2】 假设某企业准备购入一台设备，有甲、乙两个方案可供选择，初始投资额均为100万元，两个方案的现金净流量如表3-1所示，请分别计算两个方案的静态投资回收期，并选择最优方案。

表3-1　　投资方案现金净流量　　单位：万元

年　份	甲方案各年现金净流量	乙方案各年现金净流量
0	-100	-100
1	30	15
2	30	25
3	30	30
4	30	35
5	30	40

解： 甲方案的投资回收期 $=\frac{100}{30}\approx 3.33$（年）

乙方案的投资回收期计算如表 3－2 所示。

表 3－2

单位：万元

年　度	每年现金净流量	累计现金净流量	年末尚未收回的投资额
1	15	15	85
2	25	40	60
3	30	70	30
4	35	105	—
5	40	145	—

乙方案的投资回收期 $=3+\frac{30}{35}=3.86$（年）

由此可见：甲方案的静态投资回收期小于乙方案的静态投资回收期，应选择甲方案。

想一想： 静态投资回收期法有什么优缺点？为什么乙方案的投资回收期计算要复杂一些？

2. 投资报酬率。**投资报酬率也称投资利润率，是投资各项目各年净利润平均数与该投资项目原始投资额的比率，它表示单位投资额每年获得的报酬，**其计算公式为：

$$投资报酬率=\frac{年平均利润额}{原始投资总额}\times 100\%$$

鑫华公司初始投资额 100 万元，每年净利润 23.25 万元。则：

投资报酬率 $=\frac{23.25}{100}\times 100\%=23.25\%$

该方法的评价标准是：对单一方案而言，投资报酬率大于期望投资报酬率，方案即可行；对多方案而言，投资报酬率越高的，方案越优。

【例 3－3】 沿用例 3－2，甲方案每年的净利润为 12.5 万元，乙方案各年净利润分别为 9 万元、10 万元、11 万元、12 万元、13 万元。两个方案的期望投资报酬率为 10%，要求分别计算两个方案的投资报酬率，并选择最佳方案。

解： 甲方案的投资报酬率 $=\frac{12.5}{100}\times 100\%=12.5\%$

乙方案每年平均净利润 $=\frac{9+10+11+12+13}{5}=11$（万元）

乙方案投资报酬率 $=\frac{11}{100}\times 100\%=11\%$

甲、乙两个方案的投资报酬率均大于期望投资报酬率 10%，均可行，但甲方案的高于乙方案，所以应选择甲方案。

想一想： 投资报酬率法的优缺点是什么？

（二）折现评价指标

上述投资回收期和投资报酬率的计算，没有考虑货币时间价值，由于货币时间价值的客观存在，一定量的货币在不同的时点上具有不同的价值，不同时点的货币不能简单的相加。如鑫华公司第一年年末的现金净流量 42.25 万元与第五年末的现金净流量 42.25 万元，具有不同的价值，不能简单的相加。因此，判断一个项目是否可行？必须将其投资和收益建立在同一时点上进行比较，这就需充分考虑货币的时间价值。

折现评价指标也称动态评价指标，其特点是考虑资金的时间价值。常用的折现评价指标有净现值法、净现值率法、现值指数法、内含报酬率法等。

1. 净现值法。**净现值是指将投资项目所产生的未来现金净流量折算为现值，再减去原始投资额的差额，可用 NPV 表示。其计算公式为：**

净现值（NPV）＝未来现金净流量的现值－原始投资额

我们先看鑫华公司固定资产投资项目现金流量图（图 3－2）。

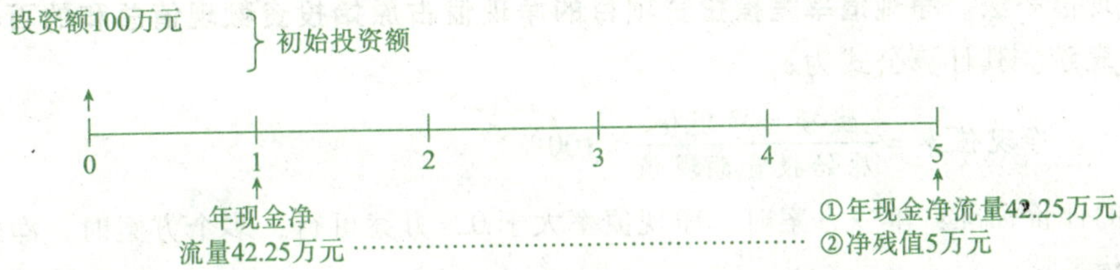

图 3－2

为了评价投资项目是否可行，必须将投资和收益放在同一时点进行对比，通常选择在建设期完成之时。鑫华公司由于固定资产投资一次完成，比较投资和收益的时点应放在第一年初。

假设公司每年现金净流量相等，其计算公式如下：

NPV＝年现金净流量 A×年现金值系数＋（净残值＋收回垫支流动资金）×复利现值系数－初始投资额

$$=A\times\frac{1-(1+i)^{-n}}{i}+(\text{净残值}+\text{收回垫支流动资金})\times(1+i)^{-n}-\text{初始投资额}$$

鑫华公司固定资产投资项目的 NPV 计算如下：假设折现率为 10%。

根据题意：初始投资额 100 万元，A＝42.25 万元，n＝5，i＝10%，净残值 5 万元，

经查（P_A/A，10%，5）＝3.791；（P/S，10%，5）＝0.621

则：NPV＝42.25×3.791＋5×0.621－100＝63.27（万元）

NPV＞0，该方案可行。

想一想： 如果每年现金净流量不等，如何计算未来现金净流量的净现值。

净现值法就是以净现值的大小来评价方案优劣的方法。

该方法的评价标准是：对单一方案而言，净现值大于 0，则方案可行；对多方案而言，净现值越大，则方案越优。

【例 3－4】 仍沿用前例 3－2，假设甲、乙两个方案的折现率均为 10%，请计算两个方

案的净现值，并进行决策评价。

解：甲方案：因各年现金净流量相等，可采用年金现值的计算方法来计算。

NPV = 30 × 3.791 − 100 = 13.73（万元）

注：3.791 是 n = 5、i = 10% 时的年金现值系数。

乙方案：因各年现金净流量不等，应先将各年现金净流量用复利现值的计算方法折现求和，再计算净现值。

$$NPV = (15 \times 0.909 + 25 \times 0.826 + 30 \times 0.751 + 35 \times 0.683 + 40 \times 0.621) - 100 = 5.56（万元）$$

由以上计算可知，甲、乙两个方案的 NPV 均大于 0，均可行，但甲方案的 NPV 更大，所以应选甲方案。

净现值法考虑了资金的时间价值，但不能反映各方案的实际收益，而且投资额不等时，难以准确评价方案优劣。所以当投资额不等时，我们可以采用净现值率法来评价方案优劣。

2. 净现值率法。**净现值率是指投资项目的净现值占原始投资额现值总和的百分比，可用 NPVR 表示。**其计算公式为：

$$净现值率 = \frac{该项目净现值}{原始投资额现值} \times 100\%$$

该法的评价标准：单一方案时，净现值率大于 0，方案可行；多个方案时，净现值率高的方案最优。

根据前面的计算：鑫华公司固定资产投资项目的 NPVR 计算如下：

$$NPVR = \frac{63.27}{100} \times 100\% = 63.27\%$$

NPVR > 0，方案可行。

【例 3－5】 仍用例 3－4 的资料计算两个方案的净现值率，并选择最优方案。

解：甲方案的 $NPVR = \frac{13.73}{100} \times 100\% = 13.73\%$

乙方案的 $NPVR = \frac{5.56}{100} \times 100\% = 5.56\%$

由计算可知，甲、乙两个方案的净现值率均大于 0，方案均可行，但甲方案的净现值率更高，所以应选甲方案。

3. 现值指数法。**现值指数也称获利指数，是投资方案未来现金净流量的总现值与原始投资额现值的比值，可用 PI 表示。**其计算公式为：

$$现值指数（PI）= \frac{未来现金净流量现值}{初始投资额现值}$$

该方法的评价标准是：对单一方案而言，现值指数大于 1，则方案可行；对于多方案而言，现值指数越大，则方案越优。

鑫华公司：$PI = \frac{42.25 \times 3.791 + 5 \times 0.621}{100} = 1.63$

PI > 1，该项方案可行。

【例 3－6】 仍用前述例 3－2 的资料，计算两个方案的获利指数，并选择最优方案。

解： 甲方案的获利指数 $=\frac{30\times3.791}{100}=1.137$

乙方案的获利指数 $=\frac{15\times0.909+25\times0.826+30\times0.751+35\times0.683+40\times0.621}{100}$

$=1.056$

由计算可知，甲、乙两个方案的获利指数均大于1，方案均可行，但甲方案的获利指数更高，所以应选甲方案。

课堂练习： 试比较一下这些不同方法的优缺点。

4. 内含报酬率法。**内含报酬率是指能使投资项目的净现值等于零时的折现率，**由于其计算较为复杂，本书不再详述。

第二节　投资的基本知识

我们的生活中有这样的一种现象：有人愿意出3万元买一幅油画，而有的人却愿意用这3万元买一部二手车；有的人愿意用1万元购买人身保险，而有的人却愿意用这1万元去旅行一趟；有的人愿意去买书，而有的人愿意去看电影……你能分清哪些是投资行为？哪些是消费行为吗？它们的结果有何不同？

我们知道，企业是社会经济的一个组织，其目的是生产符合社会需要的各种产品，不断实现价值的增值。因此，为了实现这一目标，企业就发生了一系列的财务活动。有人将公司企业的基本功能归纳为筹资、投资和生产，可见，投资是企业经营活动的重要内容之一。

一、投资的概念及目的

（一）投资的概念

投资是指企业将财力投放于一定的对象，希望在未来获取收益的行为。在实际的财务活动中，投资有狭义和广义之分。从狭义上讲，投资仅指对外投资，如购买其他企业的股票、债券，或以现金、实物资产、无形资产对其他单位进行的投资。从广义上讲，投资既包括对外部的投资，还包括企业内部的资金投放和使用。

（二）投资的目的

企业为什么要进行投资呢？可从以下几方面来分析：

1. 扩大生产规模。以扩大生产规模为目的的投资，称为扩充性投资，主要又有两种类型：一是通过投资扩大现有产品的产量或提高企业现有产品在市场上的占有率，使企业的生产规模扩大；二是通过投资开发新产品或新市场来扩大生产规模，以期获得超额利润。

2. 控制相关企业。这是一种战略性投资，一般是为了控制市场或提高自身竞争能力，或是为了形成稳定的原料供应基地和提高市场占有率，通过投资获得其他企业部分或全部经营控制权，服务于本企业的经营目标。

3. 维持现有的规模效益。如果企业产品要求没有变化，但随着固定资产的耗用，企业的生产能力却在不断降低，那么将会导致企业的生产无法满足市场的需求。企业为了避免生产规模的缩减，经济效益的降低，一般会更换设备，采用先进设备和技术，以维持企业现有的生产能力。

4. 应对经营风险。企业在生产经营的过程中，会由于外部和内部很多不确定的因素给企业的盈利带来许多不确定性，这就是经营风险。企业可以通过以下两种投资来降低风险：一是通过多元化投资实现风险分散，用成功的项目去弥补失败项目的损失；二是通过风险控制来降低风险，即在一个独立项目中投入一部分资金专门用于防范经营风险。

二、投资的种类

对投资进行科学的分类、分清投资的性质，有利于企业加强投资管理，提高投资效益。根据不同的标准，企业投资可分为以下几类：

（一）实体投资与金融投资

按投资对象分，将投资分为实体投资与金融投资。实体投资是指以特定项目为对象，新建或更新改造有关项目的投资，如对房屋、建筑物、机器、设备等形成生产能力物质技术基础的投资。

金融投资是指以购买股票、债券等方式进行的投资。

（二）长期投资与短期投资

按投资回收时间的长短划分，将投资分为短期投资和长期投资。

短期投资是指能够并且准备在 1 年内收回的投资。包括现金、存货和随时变现的有价证券等。

长期投资是指要经过 1 年以上的时间才能收回的投资，主要是指对房屋、建筑物、机器设备等固定资产的投资，也包括对无形资产和长期有价证券的投资。长期投资的风险比短期投资的风险高，但收益也高。

（三）对内投资与对外投资

按投资的方向不同，将投资分为对内投资和对外投资。对内投资是指对企业内部生产经营所需要的各种资产的投资。包括流动资产、固定资产、无形资产等。对外投资是指企业将所拥有的资产直接投放于其他企业或通过购买各种有价证券间接投放于其他企业的投资。

（四）独立投资、互斥投资与互补投资

按投资方案之间的关系划分，可分为独立投资、互斥投资与互补投资。独立投资是指一项投资的实施不依赖于其他投资，与其他投资项目互不相关，互不影响，如独立建设一条生产线等。互斥投资是各投资方案之间互相排斥，非此即彼。互补投资是指一项投资的实施与其他投资互相依赖，相互之间有联系，如建设电厂必须相应地要架设输电线路等。

习　题

一、单选题

1. 下列评价指标，不考虑货币时间价值的是（　　）。
   A. 静态投资回收期　　B. 净现值
   C. 现值指数　　D. 内含报酬率
2. 现金净流量等于（　　）。
   A. 现金流入量　　B. 收入或成本
   C. 现值指数　　D. 内含报酬率
3. 通过（　　）投资可应对投资的经营风险，实现风险分散。
   A. 单一　　B. 多角化
   C. 项目　　D. 实物
4. 付现成本可以用全部成本费用减（　　）来估计。
   A. 折旧　　B. 现金
   C. 利润　　D. 利息
5. 净现值法的优点是考虑了资金的（　　）。
   A. 初始投资额　　B. 现金的净流入量
   C. 时间价值　　D. 付现成本

二、多选题

1. 投资的目的有以下几种类型（　　）。
   A. 扩大生产规模　　B. 控制相关企业
   C. 维持现有的规模效益　　D. 实现企业经营目标
2. 按投资的对象分，可将投资分为（　　）。
   A. 实体投资　　B. 金融投资
   C. 对内投资　　D. 对外投资
3. 下列表述正确的是（　　）。
   A. 现金净流量是一定时期现金流入量和流出量的差额
   B. 静态投资回收期指标没有考虑货币的时间价值
   C. 净现值评价指标对投资额不等的方案难以作出准确评价
   D. 净现值评价指标对投资额不等的方案能够作出准确评价
4. 折旧政策对企业理财的影响，主要表现为（　　）。
   A. 对筹资的影响　　B. 对投资的影响
   C. 对分配的影响　　D. 对固定资产风险和收益的影响
5. 非贴现指标主要有（　　）。
   A. 净现值　　B. 净现值率

C. 静态投资回收期　　D. 投资报酬率

6. 折现指标主要有（　　）。

A. 净现值　　B. 静态投资回收期

C. 现值指数　　D. 内含报酬率

三、判断题

1. 固定资产具有循环周期长和价值存在具有双重性等特点。（　　）
2. 狭义的投资仅指对外投资。（　　）
3. 净现值法的优点是没有考虑资金的时间价值。（　　）
4. 现金流量的“现金”是狭义的现金。（　　）
5. 如果几个投资方案的初始投资不等，则不宜采用净现值法。（　　）
6. 如果一个方案的现值指数大于0，则方案可行。（　　）
7. 在赢利水平上升时，宜采用直线法计提折旧。（　　）

四、计算分析题

1. 某企业计划投资购入一套设备以扩大生产规模，该设备初始投资需103万元，使用寿命为5年，期满后净残值为3万元，采用直线法计提折旧，另需垫支流动资金10万元，于初始投资时投入，设备报废时收回，5年中每年销售收入为58万元，付现成本为22万元，所得税税率为25%，请计算该方案各年的现金净流量。

2. 某企业拟购一套设备以扩充生产能力，现有甲、乙两个方案可供选择，两个方案的初始投资额均为200万元，两个方案的现金流量如表3－3所示，请分别计算两个方案以下指标并选择最优方案（假定折现率为15%）：（1）静态投资回收期；（2）净现值；（3）净现值率；（4）现值指数。

表3－3

单位：万元

年　度	甲方案各年现金净流量	乙方案各年现金净流量
0	－200	－200
1	50	50
2	50	50
3	50	60
4	50	70
5	50	80

第4章 成本管理

学习目标：☐ 掌握成本的性态分类、各种不同成本的习性及混合成本的分解
☐ 掌握本量利分析的方法
☐ 掌握变动成本法的计算
☐ 掌握常见的短期经营决策的分析方法

第一节　成本性态分析

我们已经学过了产品成本的计算，其中产品成本是由直接材料、直接人工和制造费用组成。我们假设有这样一个企业，产销平衡，当企业生产和销售100件产品时，分析其产品成本构成为直接材料100元/件，直接人工80元/件，制造费用60元/件（其中车间管理人员工资总额3 000元，按使用年限法计提固定资产折旧总额2 000元，其他费用10元/件）。该产品售价为300元/件，假设不考虑其他税费，则利润 = 100 × [300 − (100 + 80 + 60)] = 6 000元。如果企业产量提高到200件，在其他条件不变的情况下，该企业利润是多少？你有什么疑惑？为什么？

一、成本性态的含义及成本按性态的分类

通过上面的计算，我们会发现，产量增长100%，利润提高183.33%，利润的增长和产量的增长不同步。进一步分析其原因，主要是车间管理人员的工资和固定资产折旧费所形成的。那么这两种费用有何特殊性呢？

（一）成本性态的含义

成本性态，也称为成本习性，是指成本总额与特定业务量之间在数量上的依存关系。

这里的业务量（以下用 x 表示）是指企业在一定的生产经营期内投入或完成的经营工作量的统称。在最简单的条件下，业务量通常是指生产量或销售量。

这里的成本总额主要是指为取得营业收入而发生的营业成本费用，包括：全部生产成本和销售费用、管理费用及财务费用等期间费用。

（二）成本按成本性态的分类

成本按性态分类可分为固定成本、变动成本和混合成本三大类。下面我们分别研究这些成本。

1. 固定成本。**固定成本是指在一定的条件下，其总额不随业务量变动而发生变动的那部分成本。**它具有以下两个特点：

（1）固定成本总额（用 a 表示）的不变性，即固定成本总额在相关范围内是固定不变的。在平面直角坐标图上，固定成本就是一条平行于 x 轴的直线，其总成本模型为 $y = a$（图 4－1）。

（2）单位固定成本（以下用$\frac{a}{x}$表示）的反比例变动性。即单位产品所负担的固定成本在相关范围内是随着业务量的变动成反比例变动的。在坐标图上，是一条反比例曲线，其单位成本模型为 $y = \frac{a}{x}$（图 4－2）。

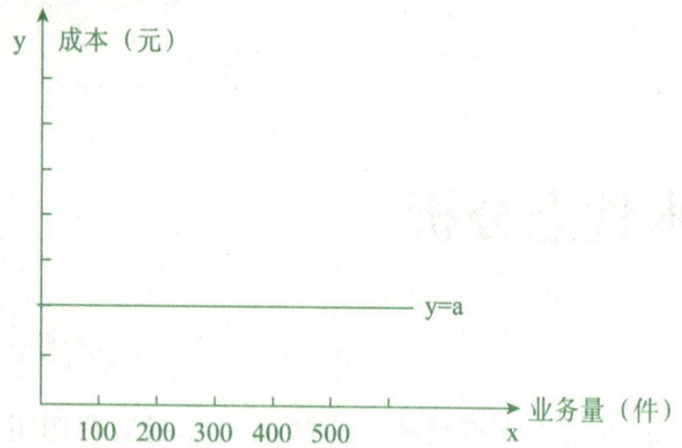

图 4－1　固定成本总额性态模型

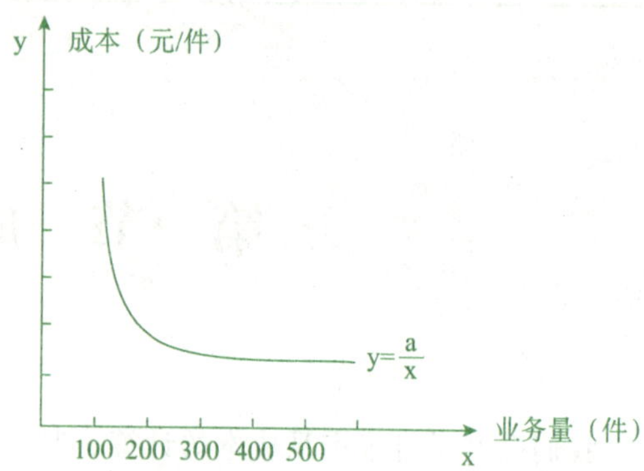

图 4－2　单位固定成本性态模型

上述特点，可通过下面的例题来反映。

【例 4－1】 甲公司生产 A 产品，原来一个月最大生产能力为 1 000 件，现准备租赁一台设备将生产能力扩大到 3 000 件，每月付租金 3 万元，租赁期 3 年。则租金费用与产量的关系如表 4－1 所示。

表 4－1　租金与产量的关系

产量（件）	固定成本总额（租金总额　元）	单位产量负担的租金（元）
1 000	30 000	30
2 000	30 000	15
3 000	30 000	10

从表中可看出，产量在 1 000～3 000 件范围，租金总额（a）是不变的，而单位产量负担的租金（$\frac{a}{x}$）却随着产量的增加不断减少。

固定成本一般包括下列内容：制造费用中不随产量变动的办公费、差旅费、折旧费、管理人员工资、租赁费；销售费用中不受销量影响的销售人员工资、广告费等；管理费用中不受产量或销量影响的管理人员的工资、折旧费、租赁费、保险费等。

固定成本还可按其是否受管理当局短期决策行为的影响，进一步划分为约束性固定成本和酌量性固定成本。

① 约束性固定成本。**约束性固定成本是指不受管理当局短期决策行为影响的那部分固定成本**。如厂房、机器设备的折旧费、保险费、管理人员工资等。这类成本是企业经营业务必须负担的最低的成本。

② 酌量性固定成本。**酌量性固定成本是指受管理当局短期决策行为的影响，可以在不同时期改变其数额的那部分固定成本**。如广告费、员工培训费、新产品开发费等。这类成本支出数额的多少，由企业管理人员根据企业的实际情况作出决策。

想一想：降低上述两类成本的方法有哪些？

2. 变动成本。**变动成本是指在一定条件下，其总额随业务量成正比例变化的那部分成本**。它具有以下两个特点：

（1）变动成本总额（用bx表示）的正比例变动性，即业务量增加，变动成本总额也成比例增加，反之则降低。在坐标图上，变动成本总额是一条以单位变动成本为斜率的直线，其模型为：$y=bx$，如图4－3所示。

（2）单位变动成本（用b表示）的不变性。即其单位变动成本不受业务量增减变动的影响而保持不变。在坐标图上，单位变动成本是一条平行于横轴的直线，其模型为$y=b$，如图4－4所示。

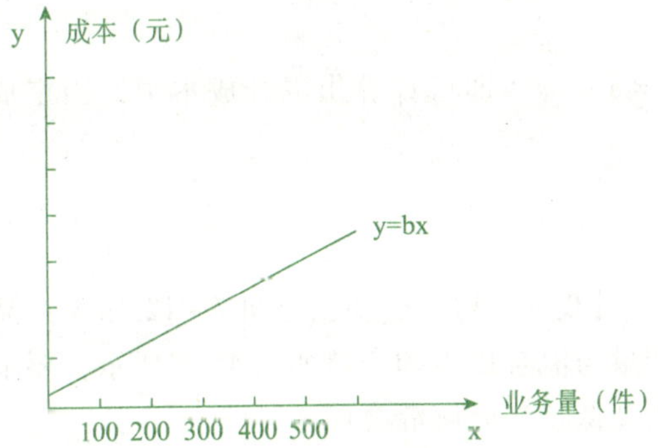

图4－3　变动成本总额性态模型

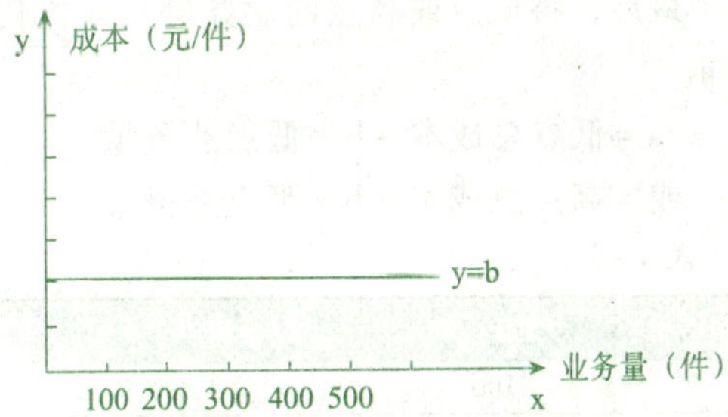

图4－4　单位成本性态模型

在我国，变动成本包括直接用于产品制造的，与产量成正比的原材料、燃料及动力、按产量法计提的折旧、计件工资、与销量成正比的销售费用等。

上述特点可通过下面的例题来反映。

【例4－2】　甲公司生产A产品需购原材料B，假设B材料的单价为10元/千克，一件A产品需1千克B材料，则A产品产量与B材料成本的关系可反映如表4－2所示。

表 4-2　A 产品产量与 B 材料成本的关系

产量（件）	材料单价（元）	所需 B 材料的成本总额（元）
1 000	10	10 000
2 000	10	20 000
3 000	10	30 000

从表中看出，产量在 1 000 ~ 3 000 件范围内，每千克 B 材料的单价是不变的，而总的材料成本却是与产量成正比例变化的。

3. 混合成本。**混合成本是介于固定成本与变动成本之间的，既随业务量变动又不成正比例变动的那部分成本。它既有变动成本的性质，也有固定成本的性质，因此被称为混合成本。**

混合成本与业务量之间的关系比较复杂，又可分为阶梯式混合成本、标准式混合成本、低坡式混合成本和曲线式混合成本（这里就不再展开介绍了）。

由于成本分类是以成本性态为标准，将成本最终分为固定成本和变动成本两类，所以应对混合成本进行分解，以便将其合并到固定成本和变动成本中去。

混合成本分解的方法很多，这里主要介绍高低点法和直线回归法。

（1）高低点法。**高低点法又叫两点法，其通过一定时期在相关范围内的最高和最低的业务量以及与业务量相关的混合成本来确定成本对业务量的直线关系，分解出混合成本中固定成本与变动成本的数值。**具体计算可通过 $y = a + bx$ 这个方程式进行（这里 y 表示混合成本总额，a 表示混合成本中的固定成本，b 表示单位变动成本，x 表示业务量）。具体步骤如下：

首先，确定各期业务量与相关成本的最高点和最低点。

提示： 高低点是以业务量的高低为标准来选，而不是以成本的高低为标准来选。

其次，确定单位变动成本 b。

$$b = \frac{\text{最高点成本} - \text{最低点成本}}{\text{最高点业务量} - \text{最低点业务量}}$$

最后，将低点或高点的业务量和 b 值代入 $y = a + bx$，即可计算出混合成本中的固定成本 a。

a = 低点总成本 − b × 低点业务量

或 = 高点总成本 − b × 高点业务量

表 4-3

月份	产量 x（件）	混合成本 y（元）
7	100	1 200
8	120	1 380
9	130	1 500
10	150	1 680
11	140	1 700
12	110	1 300

【例 4-3】 已知乙公司 7 ~ 12 月 A 产品产量与混合成本的资料如表 4-3 所示，要求用高低点法分解混合成本。

解： 首先，选定高点（150、1 680），低点（100、1 200）。

其次，计算 b：

$$b = \frac{1\,680 - 1\,200}{150 - 100} = 9.6\ (\text{元})$$

最后，求 a。

若以高点计算：$a = 1\,680 - 9.6 \times 150 = 240$（元）

若以低点计算：$a = 1\,200 - 9.6 \times 100 = 240$（元）

即：混合成本中固定成本总额为 240 元，单位变动成本为 9.6 元。

想一想：为什么不选11月份作高点？

（2）直线回归法。**直线回归法是指利用微积分极值的原理来推算混合成本中的固定成本a和单位变动成本b的一种分析方法。**

仍采用 $y = a + bx$ 来进行。

首先，取几个观测值，求合计数（Σ），即求 Σx，Σy，Σx^2，Σy^2 的值。

其次，利用公式计算b：

$$b = \frac{n\Sigma xy - \Sigma x \cdot \Sigma y}{n\Sigma x^2 - (\Sigma x)^2}$$

最后，利用公式求a：

$$a = \frac{\Sigma y - b\Sigma x}{n}$$

【例4－4】 仍以例4－3的数据采用直线回归法分解混合成本，具体见表4－4所示。

表4－4

月 份	产量x（件）	混合成本y（元）	xy	x^2
7	100	1 200	120 000	10 000
8	120	1 380	165 600	14 400
9	130	1 500	195 000	16 900
10	150	1 680	252 000	22 500
11	140	1 700	238 000	19 600
12	110	1 300	143 000	12 100
Σ	750	8 760	1 113 600	95 500

将表中数据代入公式得：

$$b = \frac{6 \times 1\ 113\ 600 - 750 \times 8\ 760}{6 \times 95\ 500 - 750^2} \approx 10.63\text{（元）}$$

$$a = \frac{8\ 760 - 10.63 \times 750}{6} = 131.25\text{（元）}$$

两种方法得出的结果不相同，是因为计算方法本身精细程度不同引起的。

想一想：两种方法各有什么优点，适用于什么情况？

（三）总成本模式

经过分析，我们最终将成本按性态分成了两个大类，即固定成本和变动成本。因此，我们可得出总成本公式。即：总成本＝固定成本总额＋变动成本总额，也可表示为：

$$y = a + bx$$

其中：y 代表总成本，a 代表固定成本总额，b 代表单位变动成本，x 代表业务量。总成本模式可用图 4－5 表示。

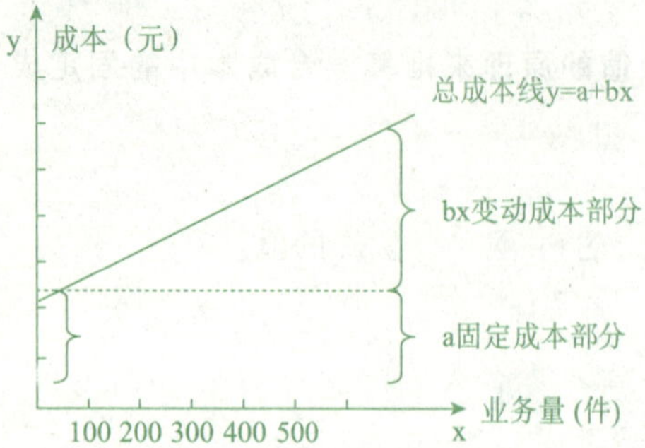

图 4－5　总成本模式

（四）相关范围的含义及其特点

前面在定义固定成本与变动成本时，提到"在一定条件下"这个前提，这个"条件"，就是"相关范围"。

相关范围，是指不会改变固定成本和变动成本性态的有关期间、业务量的特定变动范围。即研究成本性态必须与一定的时期和一定的业务量范围相联系。

只要在相关范围内，不管时间多久，业务量增减变动幅度多大，固定成本总额的不变性和变动成本总额的正比例变动性都将存在。但如果超出这一范围，就不一定会这样了，因为不论是从较长时期看，还是从业务量的变动看，都没有绝对不变的成本，也没有绝对成正比例的成本。

由于相关范围的存在，使得各项成本的性态具有相对性、暂时性和可转化性的特点，因此，不应对成本性态做绝对理解。

第二节　本量利分析

一、基本原理

（一）本量利分析的基本含义

本量利分析是成本—业务量—利润关系分析的简称，是以数学化的会计模型来揭示固定成本、变动成本、销售单价、销售额、利润等变量之间的内在规律，为会计预测、决策和规划提供财务信息的一种定量分析法。

进行本量利分析，要以下列基本假定为前提条件：

1. 成本性态分析的假定。即假定成本按性态已分为了固定成本与变动成本两部分。
2. 相关范围假定。即成本性态在相关范围内不变。
3. 产销平衡和品种结构稳定的假定。假定只安排一种产品生产的，产品总可以找到市场，多种产品生产的，当销售总量变化时，各产品的产销额占总产销额的比重不变。
4. 利润假定。假定利润是指营业净利润。
5. 变动成本法的假定。假定产品成本是按变动成本法计算的。

（二）本量利分析的基本公式

本量利分析所考虑的相关因素包括固定成本 a、单位变动成本 b、销售量 x、单价 p、销售收入 px 和营业净利润 p 等。它们之间的关系反映如下：

$$\text{营业净利润 (p)} = \text{销售收入} - \text{总成本} = px - (a + bx) = px - bx - a = (p - b)x - a$$

上述公式即是本量利关系的基本公式。

（三）贡献边际的表现形式及计算公式

在本量利分析中，贡献边际是一个十分重要的概念。**贡献边际是指产品的销售收入与相应的变动成本之间的差额，又称边际贡献、贡献毛益。它有三种表现形式，即总额、单位贡献边际、贡献边际率。**

贡献边际是销售收入减去变动成本的差额。

单位贡献边际是指产品的销售单价减去单位变动成本后的差额。

贡献边际率是指贡献边际总额占销售收入总额的百分比，也等于单位贡献边际占单价的百分比。

$$\text{贡献边际率} = \frac{px - bx}{px} \times 100\% = \text{单位贡献边际/单价} \times 100\% = \frac{p - b}{p} \times 100\%$$

我们将贡献毛益的三种形式及相互关系用公式表示如下：

$$\text{贡献边际} = \text{销售收入} - \text{变动成本} = px - bx$$
$$= \text{单位贡献边际} \times \text{销售量} = (p - b)x$$
$$= \text{销售收入} \times \text{贡献边际率} = px \cdot \frac{px - bx}{px}$$

$$\text{单位贡献边际} = \text{单价} - \text{单位变动成本} = p - b$$
$$= \text{贡献边际/销售量} = \frac{(p - b)x}{x}$$
$$= \text{销售单价} \times \text{贡献边际率} = p \cdot \frac{p - b}{p}$$

$$\text{贡献边际率} = \text{贡献边际/销售收入} \times 100\% = \frac{px - bx}{px} \times 100\%$$
$$= \text{单位贡献边际/单价} \times 100\% = \frac{p - b}{p} \times 100\%$$

> **小知识**
>
> 变动成本率 = 1 - 贡献边际率

根据本量利的基本公式，贡献边际、固定成本及营业净利润三者之间的关系可表示如下：

$$\text{营业净利润 (p)} = \text{贡献边际} - \text{固定成本} = px - bx - a$$

从这一公式可看出，贡献边际与企业净利润的形式有密切的关系。贡献边际首先用于补偿企业的固定成本，只有当贡献边际大于固定成本时才能为企业提供利润，否则就会发生亏损。

【例 4-5】 已知乙企业只生产 A 产品，单价为 20 元/件，单位变动成本为 12 元/件，固定成本为 8 万元。本年生产经营能力为 15 000 件，要求计算：（1）全部贡献边际指标；（2）营业净利润。

解： 单位贡献边际 = p - b = 20 - 12 = 8（元/件）

$$贡献边际 = (p - b)x = 8 \times 15\,000 = 120\,000(元)$$

$$贡献边际率 = 8/20 = 40\%$$

$$或 = 120\,000/300\,000 = 40\%$$

$$营业净利润 = (px - bx) - a = 120\,000 - 80\,000 = 40\,000（元）$$

想一想：变动成本率是多少？

二、具体应用

我们可以运用本量利分析的基本原理来做一些预测、决策。比如企业应销售多少产品才保本等。

（一）单一品种的保本分析

什么是保本呢？**保本是指企业在一定时期内的收支相等，没有利润也不会亏损，利润为零。**

保本分析就是研究当企业恰好处于保本状态时本量利关系的一种定量分析方法，其关键是确定保本点。

保本点是指企业达到保本状态的业务量，也称为盈亏平衡点，盈亏临界点等。它有两种表现形式：保本销售量（简称保本量）和保本销售额（简称保本额）。保本点的确定就是计算保本量和保本额的数值。

1. 保本销售的确定：

因为 px - bx - a = p，p = 0 时即为保本。所以，

$$保本量（x_0）=\frac{固定成本}{单价-单位变动成本}=\frac{a}{p-b}$$

2. 保本额的确定：

$$保本额（y_0）=单价\times保本量=px_0=\frac{固定成本}{贡献边际率}$$

【例 4-6】 仍按例 4-5 的资料要求计算该企业的保本点指标。

解： $保本量（x_0）=\frac{a}{p-b}=\frac{80\,000}{20-12}=10\,000（件）$

$$保本额（y_0）=px_0=20\times10\,000=200\,000（元）$$

$$或=80\,000\div\left(\frac{20-12}{20}\right)=200\,000（元）$$

（二）单一品种的保利分析

企业在生产经营中不能仅仅满足于保本，而是要赢利。在单一品种下，当单价和成本水平既定时，为确保预期的目标利润，业务量应达到什么水平呢？为实现目标利润的业务量又称“保利点”业务量。

1. 保利点销售量的确定。

因为 px－bx－a＝p，所以，

$$保利点销售量=\frac{固定成本+目标利润}{单价-单位变动成本}=\frac{a+目标利润}{p-b}$$

2. 保利点销售额的确定。

$$保利点销售额=单价\times保利点销售量$$

$$=p\cdot\frac{a+目标利润}{p-b}=\frac{固定成本+目标利润}{贡献边际率}$$

【例 4－7】 仍按例 4－5 的资料，假定该企业的目标利润为 2 万元，其他条件都不变，要求计算其保利点指标。

解：$保利点销量=\frac{a+目标利润}{p-b}=\frac{80\ 000+20\ 000}{20-12}=12\ 500$（件）

$保利点销售额=p\times保利点销量=20\times12\ 500=250\ 000$（元）

在进行本量利分析时，假定其他因素均不变动，但实际这种静态平衡是不可能维持长久的。下面介绍有关因素变动对相关指标的影响：

1. 单价单独变动对保本点和保利点的影响。单价上涨，单位贡献边际会上升，则保本点和保利点均会下降；单价下降时，情况则刚好相反。

2. 单位变动成本单独变动对保本点和保利点的影响。单位变动成本的增加，会引起单位贡献边际下降，则保本点和保利点均会上升，反之则相反。

3. 固定成本单独变动对保本点和保利点的影响。固定成本增加会使保本点和保利点上升，反之则相反。

4. 目标利润单独变动时，只会影响到保利点，但不会改变保本点。

想一想：销售量变动会不会影响保本点和保利点的计算？

三、单一品种的本量利分析图

前面我们了解本量利分析的数量关系，下面我们通过图形来直观反映三者的关系，并作进一步分析。

什么是本量利分析图？**在坐标上使用几何模型反映本量利关系的图像，统称为本量利分析图，也可称为保本图，损益平衡图。**本量利分析图有很多种，这里介绍以下两种：

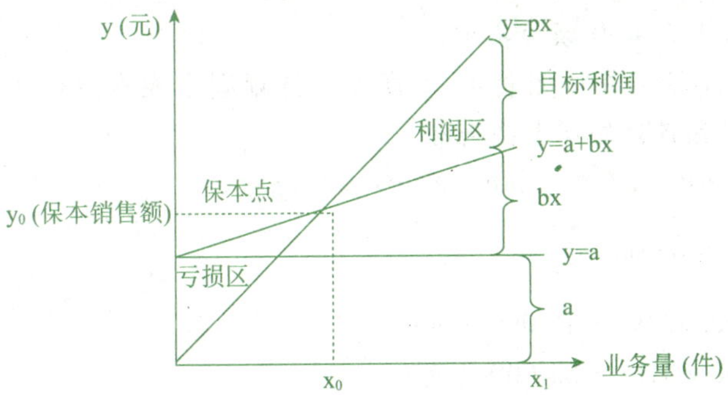

图 4－6 保本销售量

（一）标准本量利分析图

本量利分析图如图 4－6 所示。从图中我们可发现保本点、利润三角区与亏损三角区的关系，也可发现以下规律：

1. 在保本点不变的情况下，如：产品销售超过保本点一个单位的业务量，即可获得一个单位贡献边际的盈利；销量越大，盈利就愈多。反之，若产品销售低于保本点一个单位的业务量，即亏损一个单位贡献边际，销量越少，亏损就越大。

2. 在销量不变的情况下，保本点越低，盈利区的三角形面积就能有所扩大，亏损区的三角形面积就有所缩小，反之，情况则相反。

这个图运用非常广泛，但它无法反映贡献边际与其他因素的关系。

（二）贡献式本量利分析图

贡献式本量利分析图如图 4－7 所示。此图的特点是将固定成本量位于变动成本线之上，总成本是一条平行于变动成本线的直线，它能直观地反映贡献边际、固定成本及利润的关系。

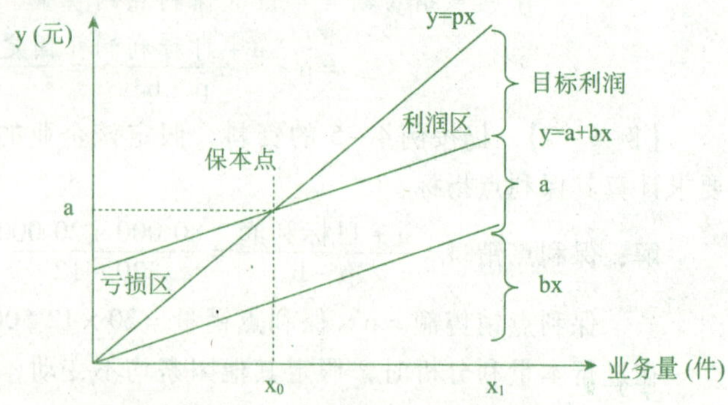

图 4－7　贡献式本量利分析图

从该图中可发现以下规律：

1. 贡献边际率越高，则利润越高，反之越低。

2. 只要单价大于单位成本，则必然有贡献边际存在。

3. 贡献边际应先补偿固定成本，只有超额的部分才构成企业的利润。

这个图的缺点是无法直接反映固定成本线。

四、多品种条件下的本量利分析

以上分析都是假定在单一品种条件下进行的，但在实际生活中，大多数企业都不止生产经营一种产品，不同品种的销量无法直接相加。这就需要进一步研究适用于多品种条件下的本量利分析方法和模型，本节主要介绍综合贡献边际率法。

综合贡献边际率法是指在确定企业综合贡献边际率的基础上分析多品种条件下本量利关系的一种方法。这种方法对各品种一视同仁，不要求分配固定成本，而是将各品种所创造的贡献边际视为补偿企业全部固定成本的收益来源。

$$多品种保本额 = \frac{固定成本总额}{加权平均贡献边际率}$$

$$多品种保利额 = \frac{固定成本总额 + 目标利润}{加权平均贡献边际率}$$

其中：　加权平均贡献边际率 = ∑（各种产品贡献边际率 × 各种产品销售额占全部产品总销售额的比重）

【例 4－8】　某企业 8 月份预计销售三种产品，资料如表 4－5 所示，计划固定成本总额为 83 000 元，求三种产品的综合保本销售额和各自的保本销售额。

解：加权边际贡献率 = 40% × 23% + 30% × 31% + 50% × 46% = 41.5%

$$三种产品保本销售额 = \frac{83\ 000}{41.5\%} = 200\ 000（元）$$

其中：甲产品的保本销售额 = 200 000 × 23% = 46 000（元）

乙产品的保本销售额 = 200 000 × 31% = 62 000（元）

丙产品的保本销售额 = 200 000 × 46% = 92 000（元）

表 4－5

项目 \ 产品名称	单位	甲产品	乙产品	丙产品	合计
销量	件	500	1 000	2 000	
单价	元	30	20	15	
销售收入	元	15 000	20 000	30 000	65 000
各产品销售占总销售额的比重	%	23	31	46	
单位产品变动成本	元	18	14	7.5	
变动成本总额	元	9 000	14 000	15 000	38 000
单位贡献边际	元	12	6	7.5	
各产品贡献边际率	%	40	30	50	
加权边际贡献率	%	9.2	9.3	23	41.5
贡献边际总额	元	6 000	6 000	15 000	27 000

【例 4－9】 仍用例 4－8 的资料，假定该企业 8 月份要实现 41 500 元的目标利润，要求计算三种产品的综合保利销售额及各自的保利销售额。

解：三种产品的保利销售额 $=\dfrac{83\ 000+41\ 500}{41.5\%}=300\ 000$（元）

其中：甲产品的保利销售额 $=300\ 000\times23\%=69\ 000$（元）

乙产品的保利销售额 $=300\ 000\times31\%=93\ 000$（元）

丙产品的保利销售额 $=300\ 000\times46\%=138\ 000$（元）

这种方法是在实务中常用的方法，它不仅可以计算出综合贡献边际率，据此确定企业的保本额和保利额，还可以在此基础上计算出每一品种的保本额和保利额，进而可算出每一品种的保本销售量和保利销售量。

想一想：上述甲、乙、丙三种产品的保本量和保利销售量各是多少？

第三节 变动成本法

成本按成本性态分成了变动成本和固定成本，这赋予成本计算以新的涵义。本节主要介绍变动成本法。

一、基本原理

（一）变动成本法和完全成本法的概念

变动成本法是指在计算产品成本时，以成本性态分析为前提，只将变动生产成本作为产

品成本的构成内容，而将固定生产成本及非生产成本作为期间成本，按贡献式损益确定程序计算损益的一种成本计算模式。

完全成本法是指在计算产品成本时，以成本按经济用途分类为前提，将全部生产成本作为产品成本的构成内容，将非生产成本作为期间成本，按传统式损益确定程序计量损益的一种计算模式，是一种传统的成本计算方法。

（二）变动成本法和完全成本法的区别

1. 应用的前提条件不同。变动成本法要求进行成本性态分析，把全部成本划分为变动成本和固定成本两大部分，尤其是把混合成本性质的制造费用按生产量分解为变动性制造费用和固定性制造费用（销售费用也如此）。

完全成本法则是按经济用途把成本分为生产成本和非生产成本（期间费用）。

2. 产品成本及期间成本的构成内容不同。在变动成本法下，产品成本包括变动生产成本，即直接材料、直接人工、变动制造费用；固定生产成本和非生产成本则全部作为期间成本处理，主要包括变动销售、管理费用；固定制造费用；固定销售、管理费用。

在完全成本法下，产品成本包括全部生产成本，即直接材料、直接人工、制造费用；只有非生产成本才作为期间成本处理，主要包括销售费用和管理费用。

【例 4－10】 甲企业只生产一种产品，某年有关业务量、售价与成本资料如表 4－6 所示（假定不考虑财务费用）。要求分别用完全成本法和变动成本法计算该企业的产品成本和期间成本。

表 4－6

单位：元

期初存货量	0	直接材料	48 000
本年投产完工量	8 000 件	直接人工	24 000
本年销售量	6 000 件	变动制造费用	8 000
期末存货量	2 000 件	固定制造费用	20 000
单价	40 元/件	变动销售费用	1 200
		固定销售费用	2 800
		变动管理费用	600
		固定管理费用	5 400

解：

● 完全成本法下：

产品总成本＝直接材料＋直接人工＋制造费用

＝48 000＋24 000＋28 000＝100 000（元）

单位产品成本＝100 000/8 000＝12.5（元）

期间成本＝销售费用＋管理费用＝（1 200＋2 800）＋（600＋5 400）＝10 000（元）

● 变动成本法下：

产品总成本＝直接材料＋直接人工＋变动制造费用

＝48 000＋24 000＋8 000＝80 000（元）

单位产品成本＝80 000/8 000＝10（元）

期间成本＝固定制造费用＋销售费用＋管理费用

＝20 000＋4 000＋6 000＝30 000（元）

想一想：

为什么完全成本法下的产品总成本和单位成本比变动成本法下高？而期间成本又比变动成本法下低？

3. 销货成本及存货成本的水平不同。由于变动成本法下固定制造费用作为期间费用转入了当期损益，不可能转化为存货成本或销售成本，而完全成本法下，固定制造费用计入了产品成本，而且要在存货和销售之间分配，这必然导致两种成本计算法确定的期末存货成本及销售成本水平不同。

【例 4－11】 仍以例 4－10 的资料为例，要求分别按变动成本法和完全成本法确定产品的期末存货成本和本期销售成本。

解：计算结果如表 4－7 所示。

表 4－7　　期末存货成本和本期销售成本计算表　　单位：元

项　目	完全成本法	变动成本法	差　额
期初存货成本	0	0	0
本期产品成本	100 000	80 000	2 000
可供销售产品成本合计	100 000	80 000	2 000
单位产品成本	12.5	10	2.5
期末存货量	2 000	2 000	0
期末存货成本	25 000	20 000	5 000
本期销货成本	75 000	60 000	15 000

想一想：两种方法下期末存货和本期销售成本为什么不同？

4. 计算营业净利润的顺序不同。

- 变动成本法下，营业净利润的计算公式为：

  营业收入－变动成本＝贡献边际

  贡献边际－固定成本＝营业净利润

- 完全成本法下，营业净利润的计算公式为：

  营业收入－营业成本＝营业毛利

  营业毛利－营业费用＝营业净利润

【例 4－12】 仍以例 4－10 的资料为例，分别按两种成本计算法，计算营业净利润。

解：计算结果如表 4－8 所示。

想一想：为什么两种成本计算法计算的营业净利润不同？

5. 提供信息的用途不同。完全成本法反映生产产品的全部资金耗费，主要是对外提供信息。

表 4-8

单位：元

完全成本法		变动成本法	
营业收入	240 000	营业收入	240 000
营业成本		变动成本	
期初存货成本	0	变动生产成本	60 000
本期生产成本	100 000	变动销售费用	1 200
可供销售的产品生产成本	100 000	变动管理费用	600
减：期末存货成本	25 000	变动成本合计	61 800
营业成本	75 000	贡献边际	178 200
营业毛利	165 000	减：固定成本	
减：营业费用		固定制造费用	20 000
销售费用	4 000	固定销售费用	2 800
管理费用	6 000	固定管理费用	5 400
营业费用合计	10 000	固定成本合计	28 200
营业净利润	155 000	营业净利润	150 000

变动成本法反映成本与业务量之间、利润与销售量之间有关量的变化规律，主要面向未来决策，为企业内部管理提供信息。

（三）变动成本法的优缺点

优点：

（1）能够促使企业重视销售，做到以销定产，减少或避免盲目生产而带来的损失。

（2）有利于分析和控制成本，促进成本降低。采用变动成本法，产品成本不受固定成本的影响，而取决于各项变动费用的多少。因此可直接分析因成本控制工作本身的好坏而造成的成本升降。同时，还有助于分清各部门的责任。

（3）简化了成本计算工作。主要是简化了产品成本计算中间接费用的分配过程，避免了主观随意性。

（4）便于开展本量利分析，进行科学的预测和短期经营决策。

缺点：

（1）不适应长期决策的变更。变动成本法是建立在成本性态分析的基础之上的，以相关范围假定为前提，而这些假定是不适宜长期决策的。

（2）不能满足对外报告的需求。

二、具体应用

企业在生产经营过程中，经常会进行决策。经管决策正确与否往往直接影响企业的效益，甚至会影响企业的长期发展。下面介绍几个企业短期决策的内容以了解如何进行科学决策。

（一）是否接受低价追加订货的需求

在企业还有一定剩余生产能力的情况下，如果外单位要求以低于正常价格的特殊价格追加订货，企业是否应考虑接受这种条件苛刻的追加订货呢？这要针对不同的情况来分析。

1. 简单条件下的决策。在追加订货不影响本期计划任务的完成，又不要求追加专门的成本，且剩余生产能力又无法转移时，只要特殊订货的单价大于该产品的单位变动生产成本，就可接受追加订货。

2. 复杂条件下的决策。

（1）剩余生产能力不能转移，追加订货又冲击正常任务时。如果追加订货冲击正常的任务，从而减少了正常收入，该收入应作为追加订货方案的机会成本，如果追加订货的贡献边际大于这部分机会成本，则可接受订货。

相关链接

机会成本是指在经济决策中应由选中的最优方案来负担的，按所放弃的次优方案潜在受益计算的那部分资源损失，又叫“机会损失”。

（2）当剩余生产能力不能转移，追加订货需增加专属成本时。如需追加专属成本，则只要追加订货的贡献边际大于该专属成本，则方案就可行。

相关链接

专属成本是指那些能明确归属于特定决策方案的固定成本或混合成本。

（3）当剩余能力可以转移时。此时，应将与此有关的可能收益作为追加订货方案的机会成本综合考虑。

【例4-13】 甲企业本年计划生产2 000件A产品，正常价格为90元/件，单位变动成本为40元/件，3月份乙企业要求追加300件A产品，特殊订价为60元/件。要求：就以下各不相关方案作出可否接受此项追加订货的决策：

（1）企业最大生产能力为2 500件，剩余能力无法转移，不需要专属成本。

（2）企业最大生产能力为2 200件，剩余生产能力无法转移，也不需要追加专属成本。

（3）企业最大生产能力为2 500件，剩余生产能力无法转移，但追加订货需投资2 000元改造一台设备方能完成。

（4）企业最大生产能力为2 200件，剩余生产能力可以转移，若对外出租可获租金1 000元，追加订货需追加设备改造支出1 000元。

解：

（1）甲企业有剩余生产能力，且无法转移，追加订货的单价为60元 > A产品的单位变动成本40元，所以可以接受此追加订货，可多获利润：300 ×（60 - 40）= 6 000元。

（2）追加300件可得收入为：300 × 60 = 18 000元；因最大生产量为2 200件，所以追加的300件要挤占正常任务100件，从而减少100件的正常收入，这会产生机会成本90 × 100 = 9 000元；

生产另外200件需增加成本为：200 × 40 = 8 000元；

追加订货可增加利润：18 000 -（9 000 + 8 000）= 1 000元。

所以，应接受追加订货。

（3）甲企业有剩余生产能力，且无法转移，则

追加订货可获收入：300 × 60 = 18 000元；

发生专属成本：2 000元；

增加生产成本：300 × 40 = 12 000元；

追加订货可增加利润：18 000 -（2 000 + 12 000）= 4 000元。

所以，应接受追加订货。

（4）追加订货可获收入：300×60=18 000元；

因最大生产能力为2 200件，所以追加的300件要挤占正常任务100件，从而产生机会成本100×90=9 000元；

因生产能力转移可获租金1 000元，也增加机会成本1 000元；

专属成本：1 000元；

200件产品的生产成本为：200×40=8 000元；

追加订货会发生损失：18 000－(9 000+1 000+1 000+8 000)=－1 000元。

所以，不应接受追加订货。

（二）零部件是自制或外购的决策

随着生产专业化，自动化的发展，“大而全”或“小而全”的企业越来越少。大多数企业需要向外厂购买一些零部件，但零部件自制或外购究竟哪种合算呢？下面进行具体分析：

1. 需要量不确定时，可采用无差别点法进行决策。即通过找到一个无差别点业务量，在这个业务量上两方案总成本相等，两个方案均可行。当需要量大于该业务量时，固定成本较高的方案较好，反之，则固定成本较低的方案较好。

【例4－14】 企业需要的甲零件可以自制，自制每件单位变动成本为10元，相关固定成本为1万元，也可外购，外购每件成本为20元，试决策当甲零件需求量为1 300件时，是外购合算还是自制合算？

解： 该零件自制成本可用方程式 $y_1=10\,000+10x$ 表示，外购成本可用方程式 $y_2=20x$ 表示，无差别业务量的成本相等，即 $y_1=y_2$：

$10\,000+10x=20x$

$x=1\,000$（件）

即零部件需求量若为1 000件，则外购自制均可。若为1 300件，则自制成本更低，自制合算。

想一想： *若需要量为800件，是自制合算还是外购合算？*

上例可通过图示更加清晰体现，见图4－8。

2. 需要量确定时自制或外购的决策。需要量确定时，需比较两个方案的成本，取成本低的方案。

【例4－15】 某公司每年需用2 000件乙零件，其市场售价为100元/件，公司也能安排自行生产该零部件。

要求：就以下各不相关情况作出乙零件取得方式的决策：

（1）公司具备生产乙零件的能力，且无法转移。相关固定成本为3万元，生产零部件的单位变动成本为80元/件。

（2）企业若要生产乙零件，需租入专用设

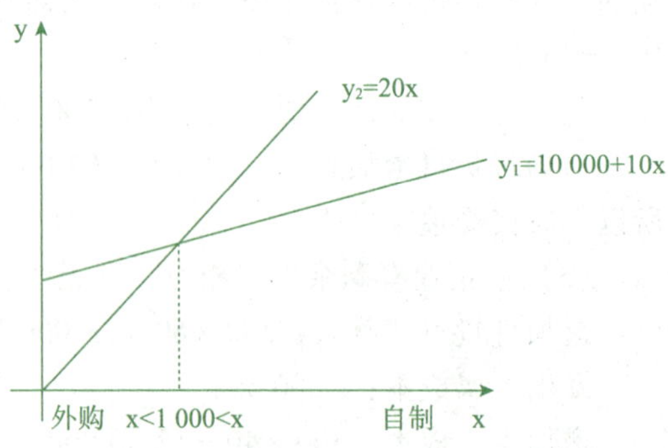

图4－8

备，租金为 5 万元，乙零件的单位变动成本为 80 元/件。

（3）企业生产乙零件的能力可用于加工零件，每年可节约成本 35 000 元，若加工乙零件，单位变动成本为 80 元/件。

解：

（1）由于生产能力无法转移，固定成本 3 万元属于沉没成本，不予考虑。所以乙零件若外购，其成本为 2 000 × 100 = 200 000 元；若自制，其成本为：2 000 × 80 = 160 000 元。自制成本较低，所以自制合算。

（2）外购成本为 2 000 × 100 = 200 000 元；自制成本包括生产成本和专属成本，即：2 000 × 80 + 50 000 = 210 000 元。外购成本低，外购合算。

（3）外购成本为 2 000 × 100 = 200 000 元；自制成本包括生产成本和机会成本，即：2 000 × 80 + 35 000 = 195 000 元。自制成本低，自制合算。

相关链接

沉没成本属无关成本的一种，是指由于过去决策结果而引起并已经实际支付过款项的成本，如固定资产折旧费等。

（三）亏损产品的决策

如果多品种生产的企业某一种产品的收入低于其成本，出现了亏损，那么是继续生产，还是转产？下面就来分析这个问题。

1. 剩余生产能力无法转移时，亏损产品是否停产的决策。如果亏损产品停产以后，闲置下来的生产能力既不能转产，也不能对外出租，则只要亏损产品的单价大于其变动成本，也即单位贡献边际大于零，就不应该停止该产品的生产。

这是因为，只要该产品能提供正的贡献边际，至少可以补偿一部分固定成本。如果停止生产，则该部分固定成本只能由别的产品负担，从而会降低企业的利润。

【例 4－16】 某企业组织多品种生产，2011 年 A 产品销售为 1 000 件，收入为 2 万元，完全成本为 35 000 元，其单价为 20 元/件，单位变动成本为 16 元/件，该年假定其他条件都不变，剩余生产能力无法转移。

要求：作出 2012 年是否继续生产 A 产品的决策。

解：A 产品的收入为 2 万元，完全成本为 35 000 元，亏损为 20 000 － 35 000 = －15 000 元；

A 产品能提供的单位贡献边际为：p － b = 20 － 16 = 4 元；

则 2012 年如果继续生产 A 产品，其提供的贡献边际为：1 000 × 4 = 4 000 元。

所以应继续生产 A 产品，因为这样可使企业少亏损 4 000 元。

2. 剩余生产能力可以转移时，亏损产品是否停产的决策。如果剩余生产能力可以转移，如用于零星加工业务或对外出租等，则需进一步考虑机会成本，即如果亏损产品创造的贡献边际大于与生产能力转移有关的机会成本，就不应停产。反之，就应当停产。

【例 4－17】 仍用例 4－16 的资料，假设 2012 年其他条件均不变，但剩余生产能力可以转移，若用于加工零件可得贡献边际 5 000 元。问：2012 年是否继续生产 A 产品，并说明理由。

解：2012 年继续生产 A 产品的贡献边际为：1 000 ×（20 － 16）= 4 000（元）

4 000 元小于 5 000 元（放弃加工零件的收入而产生的机会成本），所以应停止生产 A 产品，这样可使企业多获得1 000元的利润。

习　题

一、单选题

1. 成本按（　　）分类可分为变动成本、固定成本和混合成本。
   A. 经济用途　　B. 成本性态
   C. 核算目标　　D. 相关性
2. 在相关范围内固定成本总额与业务量的关系是（　　）。
   A. 不随业务量发生变动　　B. 成正比例变化
   C. 成反比例变化　　D. 没有固定关系
3. 变动成本总额与业务量的关系是（　　）。
   A. 不随业务量发生变动　　B. 成反比例变动
   C. 成正比例变动　　D. 没有固定关系
4. 变动成本法下，变动生产成本不包括下列哪项内容（　　）。
   A. 直接材料　　B. 直接人工
   C. 变动制造费用　　D. 固定制造费用
5. 贡献边际率越高，说明企业的获利能力（　　）。
   A. 越低　　B. 越高
   C. 与获利能力无关　　D. 可能高，也可能低
6. 变动成本法与完全成本法对（　　）的处理方法不同。
   A. 管理费用　　B. 营业费用
   C. 变动制造费用　　D. 固定制造费用

二、多选题

1. 在变动成本法下，变动生产成本包括（　　）。
   A. 直接材料　　B. 直接人工
   C. 变动制造费用　　D. 固定制造费用
2. 下列各项中，哪些属于变动成本（　　）。
   A. 按直线法计提的折旧　　B. 直接材料
   C. 计件工资　　D. 管理人员工资
3. 成本按成本性态可分为（　　）。
   A. 变动成本　　B. 固定成本
   C. 相关成本　　D. 无关成本
4. 下列各项中，哪些属于固定成本（　　）。
   A. 按工作量法计提的折旧　　B. 按直线法计提的折旧
   C. 租赁费　　D. 计件工资

5. 在完全成本法下，生产成本包括（　　）。

A. 直接材料　　B. 直接人工

C. 变动制造费用　　D. 固定制造费用

6. 本量利分析主要是指以下哪几项分析（　　）。

A. 成本　　B. 单价

C. 业务量　　D. 利润

7. 保本点也称损益平衡点或盈亏临界点，是（　　）时的销售量或销售额。

A. 边际贡献总额等于固定成本总额　　B. 利润等于零

C. 销售毛利等于期间成本　　D. 销售毛利等于固定成本

8. 在其他因素不变的情况下，单价变动会引起（　　）变动。

A. 边际贡献　　B. 保本点

C. 目标利润　　D. 保利点

9. 下列表述中正确的是（　　）。

A. 保本点不变，销售量越大，实现的利润越多

B. 销售量不变，保本点越低，实现的利润越低

C. 在销售收入一定的条件下，保本点高低取决于固定成本总额和单位变动成本的多少

D. 固定成本总额越高，或单位变动成本越高，保本点越高

三、判断题

1. 成本按成本性态可分为变动成本、固定成本和混合成本。（　　）

2. 不论是哪种混合成本，均可通过一定的方法将它分解为变动成本和混合成本。（　　）

3. 固定成本总额在相关范围内不会随业务量变动而发生变动。（　　）

4. 单位固定成本在相关范围内随业务量增加而不断增加。（　　）

5. 变动成本总额在相关范围内随业务量增加而不断减少。（　　）

6. 采用高低点法分解混合成本时，选高低点主要是根据成本总额的高低来确定。（　　）

7. 要降低酌量性固定成本，主要是要降低其绝对额。（　　）

8. 降低约束性固定成本，主要是要充分利用其生产经营能力。（　　）

9. 贡献边际率等于单位变动成本除以单价。（　　）

10. 贡献边际等于销售收入减去变动成本总额。（　　）

11. 企业处于保本状态时，其贡献边际刚好弥补固定成本总额。（　　）

12. 如果剩余生产能力可以转移，只要追加订货的产品的单价高于其单位变动成本，就应该接受订货。（　　）

13. 当零部件需要量超过无差别点时，外购零部件比自制更合算。（　　）

四、计算题

1. 资料：假设某企业6个月内维修成本数据如表4-9所示。

表 4-9

月份	机器工作小时	维修成本（元）
1	3 000	1 200
2	4 000	1 500
3	4 500	1 580
4	5 000	1 700
5	4 800	1 650
6	4 900	1 680

要求：

（1）用高低点法将上述维修成本分解为变动成本和固定成本。

（2）如果某月份的机器工作小时为 4 600 小时，其维修成本是多少？

2. 已知某企业只生产甲产品，单价为 100 元，单位变动成本为 60 元/件，固定成本为 3 万元，该年生产经营能力为 1 000 件。

要求计算：

（1）全部贡献边际指标。

（2）营业净利润。

3. 已知某企业只生产乙产品，单价为 50 元/件，单位变动成本为 30 元/件，固定成本额为 4 万元。

要求：

（1）计算该产品的保本销售量。

（2）计算该产品的保本销售额。

4. 仍用上述第 3 题资料，假设该企业要想实现 2 万元的目标利润。

要求：

（1）计算该产品的保利销售量。

（2）计算该产品的保利销售额。

5. 某企业生产三种产品，有关资料如表 4-10 所示。

表 4-10

项目	单位	甲产品	乙产品	丙产品
产品销售量	件	500	1 000	1 250
单位产品售价	元	25	7.5	4
单位产品变动成本	元	20	4.5	3
固定成本总额	元	5 400		

要求：

（1）计算三种产品的边际贡献率。

（2）计算加权边际贡献率。

（3）计算综合保本销售额及各产品相应的保本销售额。

6. 本企业有关资料如表4-11所示。

表4-11

月　份	业务量（小时）	混合成本（元）
1	5	60
2	7	65
3	9	70
4	11	80
5	13	80
6	15	85

要求：用直线回归法分解该混合成本。

五、案例分析题

1. 假设年度计划，某公司只产销一种产品，资料如下：

年度计划产量	2 500 件
单价	20 元
直接材料	10 000 元
直接人工	7 500 元
变动制造费用	10 000 元
固定制造费用	10 000 元
固定销售及管理费用	5 000 元

要求：

（1）分别按全部成本法及变动成本法计算其产品单位生产成本。

（2）如果全年销售量为2 000件，期初存货为零，用两种方法计算其营业净利润是多少？

2. 已知某公司本年计划生产1 000件甲产品，正常价格为80元/件，单位变动成本为45元，甲公司要求追加200件甲产品，特殊订价为60元/件。

要求：就以下各不相关方案作出可否接受此项追加订货的决策。

（1）企业最大生产能力为1 200件，剩余生产能力无法转移，不需要专属成本。

（2）企业最大生产能力为1 100件，剩余生产能力无法转移，也不需要追加专属成本。

（3）企业最大生产能力为1 100件，剩余生产能力可对外出租，获租金800元，但追加订货需增加专属成本300元。

3. 某企业需要的甲零件可以自制，还可外购，自制单位变动成本为8元/件，相关固定成本为4 000元，也可外购，单价为18元。

要求：分析若该零件的需要量为500件时，自制合算还是外购合算。

4. 某公司每年需用3 000件乙零件，市场售价为50元/件，公司也能安排自行生产该部件。

要求：就以下各不相关情况作出乙零件取得方式的决策。

（1）公司具有生产乙零件的能力，且无法转移，相关固定成本为 24 000 元，生产零部件的变动成本为 40 元/件。

（2）若要生产乙零件，生产零部件的变动成本为 40 元/件，需租入专用设备，租金为 3 万元，若不生产，可对外提供加工，获加工收入 22 000 元。

5. 某企业组织多品种生产，上年 B 产品销量为 1 000 件，收入为 3 万元，完全成本为 4 万元，其单价为 30 元，单位变动成本为 18 元/件，本年假定其他条件都不变，要求：就以下各不相关方案作出该产品是否断续生产的决策。

（1）该亏损产品若不生产，剩余生产能力无法转移时。

（2）该亏损产品若不生产，剩余生产能力可以对外出租，取得租金收入 15 000 元。

第5章 流动资产管理

学习目标：☐ 掌握流动资产的特点及分类
☐ 掌握现金管理的内容及目标
☐ 掌握应收账款成本及信用决策
☐ 掌握存货批量决策及ABC管理方法

鑫华公司2011年12月31日简易的资产负债表如表5－1所示。

表5－1　资产负债表

2011年12月31日　　单位：元

资　产	年初数	年末数	负债及所有者权益	年初数	年末数
流动资产			流动负债		
货币资产	80 000	495 000	短期借款	1 830 000	2 030 000
应收账款	5 950 000	8 745 000	应付账款	5 880 000	6 000 000
存货	5 200 000	8 500 000	流动负债合计	7 710 000	8 030 000
流动资产合计	11 230 000	17 740 000	长期借款		1 000 000
固定资产原价	8 700 000	9 700 000	所有者权益合计	10 720 000	16 410 000
减：累计折旧	1 500 000	2 000 000			
固定资产净值	7 200 000	7 700 000			
资产总计	18 430 000	25 440 000	负债及所有者权益总计	18 430 000	25 440 000

从鑫华公司的财务报表可以看到，流动资产占全部资产的69.73%，比重大且项目多。流动资产的特点决定了流动资产的周转速度快慢在一定程度上影响了企业的盈利水平。从理论上说，流动资产的周转速度应该是很快的，但现实并非如此，如货款回笼的时间、存货占用数额多少等都会影响流动资产的周转速度。因此，加强对流动资产的管理，减少货币及材料物资的呆滞积压和闲置浪费，避免呆账坏账的发生，加速资金周转便成为企业流动资产管理的重要内容。

第一节　流动资产管理概述

一、流动资产的概念及特点

（一）流动资产的概念

通常，企业进行生产经营活动，必须具备人、财、物等多种生产要素。这里的“财”即货币，“物”包含了厂房、设备、材料（含原材料、辅助材料、燃料、包装物、低值易耗品、修理用备件）等多种生产用的物质资料。其中，厂房、设备称为“固定资产”，其使用年限通常在两年以上。材料类物资则不同，有些材料如原材料，通过加工即可转变形态，最终转化为产成品而被出售；有些材料在加工过程中一次性消耗，如辅助材料、燃料；还有的材料随同产品一并销售或虽多次使用但使用期限仅在一年以内，如包装物。以上所述货币、材料等资产即为企业的流动资产，它是企业生产经营正常进行所必备的资产。

流动资产是指企业可以在一年内或者超过一年的一个营业周期内变现或者运用的资产，主要包括现金、交易性金融资产、应收及预付账款、存货等。企业持有一定数量的流动资产是企业进行生产经营活动必不可少的物质条件，但流动资产的赢利能力比较差。通常认为，流动资产占用比例过高会降低企业的投资回报率，过低则又会对企业的资金周转带来困难。因此，流动资产的投资必须保持一个恰当的水平。

（二）流动资产的特点

一般而言，流动资产投资具有以下特点：

1. 流动资产投资周转速度快，变现能力强。投资于流动资产的资金一般在一年或超过一年的一个营业周期内收回，相对于固定资产来说，其周转速度较快。

2. 流动资产投资的获利能力比较弱，投资风险较小。企业保留大量的流动资产，通常会减少由于存货、现金等不足而影响生产经营和不能按时偿债的可能性，即降低了企业的经营风险；同时流动资产较强的变现能力使得企业投资于流动资产的风险相对较小。但是，由于流动资产中现金、应收账款等的垫支性、非生产性和非赢利性，必然会增加企业资产占用的机会成本，降低企业整体的投资效益。所以，流动资产投资必须保持一个恰当的水平。

3. 流动资产投资的数量具有波动性。流动资产投资的数量并非一个常数。随着供产销的变化，流动资产的需求时高时低，起伏不定，季节性生产企业在这点上尤为突出。所以，对于流动资产投资管理来说，应尽可能使流动资产的投资与企业的生产经营波动保持一致。

4. 流动资产投资的占用形态经常变动。流动资产在循环周转过程中，经过供产销三个阶段，其占用形态不断变化，即按现金—材料—在产品—产成品—现金的顺序转化。企业营业利润主要是通过流动资产在这种不断的循环周转过程中得以实现的。因此，流动资产管理必须使这种周转顺利而快速地进行，从而实现尽可能多的利润。

二、流动资产的分类

1. 按资产的占用形态，流动资产可分为货币资产、短期投资、应收票据、应收及预付账款、存货等。

2. 按资产在生产经营活动过程中的作用，流动资产可分为货币资产、储备资产、生产资产、成品资产和结算资产等。

货币资产：指银行存款、库存现金和其他货币资金等。

储备资产：从购买到投入生产为止，处于生产准备阶段的流动资产，包括原材料及主要材料、辅助材料、燃料、修理用备件、低值易耗品、包装物、外购半成品等。

生产资产：从投入生产到产成品制成入库为止，处于生产过程中的流动资产，包括在产品、自制半成品等。

成品资产：从产品入库到产品销售为止，处于产品待销过程中的流动资产，包括产成品和准备销售的半成品和零部件等。

结算资产：指各种应收及预付账款、应收票据、其他应收款等。

3. 按资产变现的难易程度分，流动资产可分为速动资产和非速动资产。

速动资产：指在很短时间内可以变现的流动资产，包括货币资产、短期投资和各种应收款项。

非速动资产：指变现能力相对较差的流动资产，包括存货、预付账款、一年内到期的非流动资产以及其他流动资产。

三、流动资产管理的目标

流动资产的特点决定了流动资产管理的目标是：第一，在其收益性和流动性之间进行权衡，确定合理的流动资产持有量；第二，加强对流动资产的实物管理，加快流动资产的周转速度，提高流动资产的使用效率。

第二节　现金的管理

鑫华公司的资产负债表显示：鑫华公司年末货币资金的余额 49.5 万元。实际工作中有这样的一个有趣现象：有些公司一直在盈利，产品质量也不错，客户也没有流失，可它却宣告破产。一个最根本的原因是：虽然公司有盈利，但是却没有足够的现金流，无法支付到期的债务，从而造成财务危机。可见，对于经营者来说，现金生死攸关，难怪人们普遍认为“现金为王”。那么，鑫华公司为什么要保留 49.5 万元的现金？这个数额够不够？如何加强现金的日常管理？

一、现金的概念及内容

现金是指企业在生产经营过程中暂时停留在货币形态的资金，包括库存现金、银行存

款、银行本票、银行汇票等。

现金是企业流动性最强的资产，可以用来满足企业生产经营开支的各种需要，也是还本付息和履行纳税义务的重要保证。企业拥有足够的现金对增强企业资产的流动性，降低或避免企业财务风险具有十分重要的意义。

二、现金持有动机和现金管理的目的

（一）企业持有现金的动机

一般而言，企业主要因以下三种原因而持有现金：

1. 交易动机。交易动机是指企业为了满足经常发生的业务需要而持有现金，如购买固定资产和原材料、支付工资、缴纳税款等。企业每天的现金收入和现金支出很少同时等额发生，保留一定的现金余额可使企业的现金支出大于现金收入时，不致中断交易。一般来说，企业为满足交易动机所持有的现金余额主要取决于企业的销售水平。企业销售扩大，为维持销售所需的的各种支出随之增加，所需现金余额也因此而增加。

2. 预防动机。预防动机是指企业为了应付意外的现金需求而持有现金。由于各种不测因素的存在，企业通常难以对未来现金流入量和流出量作出准确的估计和预测。比如，自然灾害、生产事故、主要顾客未能及时付款等，都会打破企业的现金收支计划，使现金收支失衡。因此，在正常业务活动现金需要量的基础上，追加一定数量的现金余额以应付未来现金流入和流出的随机波动，是企业在确定必要现金持有量时应当考虑的因素。预防动机所需现金的多少主要取决于以下三个因素：（1）现金收支预测的可靠程度；（2）企业临时筹措现金的能力；（3）企业愿意承担风险的程度。

小知识

实际工作中，企业还可以通过持有一定数量的有价证券来满足预防动机。

3. 投机动机。投机动机是企业为了充分利用潜在的获利机会而持有现金。一般来说，这种投资机会具有时间短、收益高的特点。例如，利用原材料价格的波动进行投机，在估计原材料价格将大幅上扬时，大量购进原材料，从而获得价差收益；再如企业在证券价格较低时买入，等到价格上扬时抛出，以获取其中的价差收益。

一般来讲，企业专为投机性需要而特别置存现金的并不多见，如果遇到不寻常购买机会，也可临时筹措资金。

想一想： 通常，企业持有的现金总额等于企业由于各种动机所需现金余额的总和吗？

（二）现金管理的目的

现金是企业为生产经营所持各项资产中流动性最强的资产，具有直接的支付能力，持有足够的现金可以充分保证企业的支付能力，从而增加企业运营的稳健性。但是，现金属于非盈利资产，过多持有现金必然会给企业造成较大的机会损失，降低企业的综合获利水平。所以，现金管理的目的就是要在保证企业生产经营所需现金的同时，尽量减少现金占用，并从暂时闲置的现金中获得最多的利息收入。

三、现金管理的内容

企业现金管理的内容主要包括：

1. 编制现金收支计划，以便合理地估计未来的现金需求。

2. 对日常的现金收支进行控制，力求加速收款；同时，在允许的情况下，尽量延缓付款。

3. 采用一定的方法确定最佳现金持有量，为企业的现金持有水平确定一个参照标准。

想一想：

当企业实际现金余额与最佳现金余额不一致时，可采用什么策略使其达到理想状况？

四、最佳现金持有量的确定

最佳现金持有量是指在正常情况下保证生产经营活动的最低限度需要的现金和银行存款数额。现金是一种流动性最强、赢利性最差的资产。现金过多，会使企业赢利水平下降，而现金太少，又有可能影响生产经营活动。因此，控制现金持有量是现金管理的一项重要内容。

现金持有量的确定方法很多，下面仅介绍周转期法。

周转期法是根据现金周转期和计划期每日现金需求量来确定最佳现金持有量的方法。现金周转期是指从企业采购材料支付现金开始到销售商品收回现金的时间。包括：存货周转期，指从原材料购买到制成产品并实现销售的时间；应收账款周转期，指从产品销售到收回现金的时间；应付账款周转期，指以收到原材料到付出现金的时间。计算公式如下：

$$\text{最佳现金持有量}=\frac{\text{计划年度现金总需求量}\times\text{现金周转期}}{360}$$

$$\text{现金周转期}=\text{存货周转期}+\text{应收账款周转期}-\text{应付账款周转期}$$

【例 5－1】 鑫华公司预计全年现金需要量 80 万元，平均存货的周转天数 241 天，应收账款平均周转天数 94 天，应付账款的平均付款天数 70 天，则该公司计划年度的最佳现金持有量为：

现金周转期 $=241+94-70=265$（天）

最佳现金持有量 $=800\ 000\div360\times265=588\ 889$（元）

想一想：鑫华公司实际的现金持有量 49.5 万元，说明了什么？

五、现金的日常管理

企业要实现现金管理的目标，应该采取各种措施加强现金的日常管理，以最大限度地发挥其效用。现金的日常管理主要包括以下几个方面：

（一）现金回收管理

现金回收管理的目的是尽快收回现金，加速现金的周转。为此，企业应根据成本与收益比较的原则选用适当方法加速货款的收回。通常，企业可考虑采取以下措施：

1. 增加现款销售，减少赊销。

2. 发生应收账款时，如果在经济上可行，尽量采用现金折扣。

3. 建立科学有效的收账政策，避免欠款逾期或出现坏账。

4. 采用安全快速的结算方式，加速客户汇款的速度。

5. 收到支票后尽快处理，使之尽早存入账户。

6. 采用电子付款方式，通过电子清算系统及互联网络进行转账结算。

（二）现金支出管理

与现金收入管理相反，现金支出管理的主要任务是尽可能延缓现金支出的时间。延期支付账款的方法一般有以下几种：

1. 合理利用“浮游量”。所谓现金的“浮游量”，是指企业账户上现金余额与银行账户上所示的存款余额之间的差额。有时，企业账户上的现金余额已为零，而银行账户上的该企业的现金余额还有很多。这是因为有些企业已开出的付款票据，银行尚未付款出账而形成的未达账项，对于这部分现金的浮游量，企业可以根据历年的资料，进行合理的分析预测，有效加以利用。要点是预测的现金浮游量必须充分接近实际值，否则容易开出空头支票。

2. 推迟支付应付款。企业可在不影响信誉的情况下，尽可能推迟应付款的支付期。

3. 采用汇票付款。在使用支票付款时，只要受票人将支票存入银行，付款人就要无条件地付款。但汇票不一定是“见票即付”的付款方式，这样就可能合法地延期付款。

（三）现金综合管理

1. 力争现金流入与现金流出同步。一般来说，对于同一项经济业务，其现金流入与现金流出并不同步。但是，企业一般同时进行许多经济业务，它们发生的时间有先有后。作为企业的财务管理人员，就要想方设法使企业的现金流入与现金流出趋于一致。这样，就可以减少企业的现金持有量，提高现金的使用效率。在此需要指出的是，合理编制现金预算，并依照现金预算中的计划安排来筹划现金流入和安排现金流出将是现金流入与流出同步的重要保障。

2. 建立健全现金的内部控制制度。现金的内部控制制度，包括“钱账分管”的现金牵制制度以及控制现金支出的现金审批制度。建立健全和严格落实企业现金支出的内部控制制度，可以在很大程度上减少企业现金支出的随意性，保证现金支出的合理性，提高现金的使用效率。

3. 适当进行证券投资。由于企业持有库存现金没有任何收益，银行存款的利率也比较低，因此，当企业持有较多暂时不用的现金时，可以将其投资于国库券、企业债券、普通股股票等，这样既可以获得较多的投资收益，又可以在企业急需现金时转换为现金。

第三节　应收账款的管理

2011 年 12 月 31 日鑫华公司应收账款 874.5 万元，占流动资产的 49.3%。经过对应收账款的明细账进行分析，编制了应收账款账龄分析表（见表 5－2）。

表 5 - 2　　应收账款账龄分析表

应收账款账龄	金额（万元）	比重（%）	产生坏账的可能（%）	风险评估
信用期内	524.43	59.90	2	小
逾期半年内	174.81	20	3	较小
逾期半年至一年	87.41	10	5	
逾期一年至两年	43.70	5	10	一般
逾期两年至三年	34.96	4	40	较大
逾期三年以上	9.19	1.1	80	大
应收账款总计	874.50	100	—	—

为了减少损失，公司针对应收账款提出方案：一是成立追债的相关机构，加大应收账款的催收力度，特别是三年以上的债务应列为催收的重点，这势必增加相关的费用支出；二是加大对债务单位信用的调查和跟踪，调整信用标准和收账政策；三是适当改变销售策略，增加现销的比例。对于第三点，财务部门和销售部门的分歧较大。

一、应收账款——最令人头痛的流动资产

企业销售商品或提供劳务时，货款的结算存在两种方式：一种是购买者当即付款，即现销；另一种是由企业向购买者提供信用，购买者延后一段时间付款，即赊销。现销方式最大的优点是货款及时回收，既能避免呆坏账损失，又能将收回的款项投入再生产过程，获取再投资收益，因而是企业最期望的一种销售方式。然而，在竞争激烈的市场经济条件下，市场上提供同类产品的厂商往往会有很多，这时，为客户提供商业信用（赊销）往往成为企业促进销售、提高竞争能力的一种手段。因此，为适应市场竞争的需要，适时采取各种有效的赊销方式，已成为现代企业一种必然的销售策略，而应收账款是赊销的结果。对于应收账款，企业一方面为了促进销售，提高市场占有率，其金额可能会越来越大；另一方面又要防止客户不付款可能形成呆账或坏账，同时要督促客户按时或者提早付款，因为真正的销售实现只有在应收账款全额收回时才算结束。可见，应收账款的风险是客观存在的，企业对应收账款的态度也是很矛盾的。

二、应收账款的功能和成本

应收账款是企业因对外赊销产品、材料、供应劳务等而应向购货或接受劳务单位收取的款项，是企业短期投资的重要组成部分。这里所说应收账款是广义的应收账款，包括记账形式的应收账款和票据形式的应收票据。

辩一辩：企业的应收账款和应付账款有什么不同？

（一）应收账款的功能

应收账款的功能指应收账款在企业生产经营中的作用，主要包括以下两个方面：

1. 促进销售的功能。如前所述，在竞争激烈的市场经济条件下，赊销是企业使用的一种重要的促销手段。在赊销方式下，由于企业在销售产品的同时向对方提供了相当于货款金额的信用资金，这对买方而言具有极大的吸引力；对卖方而言，可以强化市场竞争的地位和

实力，扩大销售，增加收益，尤其在卖方产品销售不畅、竞争力不强的情况下，对于增加销售具有十分重要的意义。

2. 减少存货的功能。企业持有产成品存货不仅占用资金，还会发生仓储保管费、保险费等支出，同时还可能承担毁损、变质等损失。因此，当企业持有的产成品存货较多时，可以采用较为优惠的信用条件进行赊销，尽快地实现存货向销售收入的转化，变持有存货为持有应收账款，以节约各项存货管理支出。

（二）应收账款的成本

2012 年，为加强竞争，促进销售，鑫华公司销售部门研究决定：60% 的产品实行赊销，由此鑫华公司的销售收入增长了 40%。但同时，鑫华公司财务人员发现，由于应收账款的增加，公司的现金明显紧缺，销售部门因调查客户资信及催收账款而发生的费用也明显增加。即使如此，仍有部分账款回收困难，甚至无法收回。

企业在采取赊销方式促进销售、减少存货的同时，会因持有应收账款而付出一定的代价，这种代价即为应收账款的成本，其内容包括：

1. 机会成本。应收账款的机会成本是指将资金投资于应收账款而不能进行其他投资所丧失的投资收益，如投资于有价证券就会有利息收入。这一成本的大小通常与企业维持赊销业务所需要的资金数量、资金成本率有关。其计算公式为：

$$\text{应收账款的机会成本} = \text{维持赊销业务所需要的资金} \times \text{资金成本率}$$

上式中的资金成本率一般可按有价证券利息率计算。

维持赊销业务所需的资金数量可按下列步骤计算：

$$\begin{aligned}\text{维持赊销业务所需要的资金} &= \text{应收账款平均余额} \times \frac{\text{变动成本}}{\text{销售收入}} \\ &= \text{应收账款平均余额} \times \text{变动成本率}\end{aligned}$$

$$\begin{aligned}\text{应收账款平均余额} &= \frac{\text{年赊销额}}{360} \times \text{平均收账天数} \\ &= \text{平均每日赊销额} \times \text{平均收账天数}\end{aligned}$$

上式中假设企业的成本水平保持不变（即单位变动成本不变、固定成本总额不变），因此，随着赊销业务的扩大，只有变动成本随之上升。

【例 5-2】 假设鑫华公司 2010 年度赊销收入净额为 300 万元，应收账款周转期为 60 天，变动成本率为 60%，资金成本率为 10%，则应收账款机会成本可计算如下：

$$\text{应收账款平均余额} = \frac{3\,000\,000}{360} \times 60 = 500\,000 \text{（元）}$$

$$\text{维持赊销业务所需资金} = 500\,000 \times 60\% = 300\,000 \text{（元）}$$

$$\text{应收账款机会成本} = 300\,000 \times 10\% = 30\,000 \text{（元）}$$

上述计算表明，企业投放 30 万元的资金可维持 300 万元的赊销业务，相当于垫支资金的 10 倍之多。这一较高的倍数在很大程度上取决于应收账款的收账速度。正常情况下，应收账款收账天数越短，一定数量资金所维持的赊销额就越大；换言之，应收账款收账天数越短，维持相同赊销额所需的资金数量就越少。而应收账款机会成本在很大程度上取决于企业维持赊销业务所需资金的多少。因此，加快应收账款的收账速度，对于节约应收账款的机会成本有很重要的作用。

2. 管理成本。管理成本是企业对应收账款进行日常管理而耗费的开支，主要包括对客户的资信调查费用、应收账款账簿的记录费用、收账费用等。

3. 坏账成本。坏账成本是应收账款无法收回而给企业带来的损失。

坏账成本 = 年赊销额 × 坏账损失率

想一想：企业应收账款占用量与上述三项成本之间存在什么样的相关关系？

三、应收账款管理的目标

应收账款投资的功能与成本（也可称之为收益与风险）并存的客观现实，要求企业必须对应收账款投资增加的收益与增加的成本加以全面权衡。作为一种短期投资行为，应收账款管理的基本目标是：在充分发挥应收账款强化竞争、扩大销售功能效应的同时，尽可能降低应收账款投资的成本，最大限度地提高应收账款投资的效益。

四、应收账款政策的制定

应收账款政策，也称为信用政策，是企业为对应收账款投资进行规划与控制而确立的基本原则与行为规范，包括信用标准、信用条件和收账政策三部分内容。

（一）信用标准

信用标准是企业同意向顾客提供商业信用而提出的基本要求，通常以预期的坏账损失率表示。企业规定的预期的坏账损失率越低，表明企业的信用标准越高；反之，表明企业的信用标准越低。

如果企业制定的信用标准较高，只对信誉很好、坏账损失率很低的顾客提供赊销，则会减少应收账款的占用，从而减少因应收账款而产生的机会成本、收账成本和坏账损失，但同时，由于客户减少而使销售量随之减少；反之，如果信用标准较宽松，虽然会增加销售，但会相应增加坏账损失和应收账款的机会成本、收账成本。

企业在信用标准的确定上，面临着两难的选择。其实，这也是风险、收益、成本的对称性关系在企业信用标准制定方面的客观反映。因此，必须对影响信用标准的因素进行分析。

通常，企业在制定或选择信用标准时可考虑三个基本因素：

1. 同行业竞争对手的情况。面对竞争对手，企业首先考虑的是如何在竞争中处于优势地位，保持并不断扩大市场占有率。如果企业的竞争对手实力很强，企业欲取得或保持优势地位，就需要采取较低的信用标准；反之，其信用标准可以相应严格一些。

2. 企业承受违约风险的能力。企业承受违约风险能力的强弱，对信用标准的选择也有着重要影响。当企业具有较强的违约风险承受能力时，就可以较低的信用标准提高竞争力，争取客户，扩大销售；反之，则只能以稳健的策略，即选择严格的信用标准以尽可能降低违约风险的程度。

3. 客户的资信程度。企业在制定信用标准时，必须对客户的资信程度进行调查、分析，在此基础上，判断客户的信用风险并决定是否给予客户信用优惠。客户资信程度的高低通常决定于五个方面，即客户的信用品质（character）、偿付能力（capacity）、资本（capital）、抵押品（collateral）、经济状况（conditions），简称“5C”系统。

• 信用品质。即客户履约或赖账的可能性，这是决定是否给予客户信用的首要因素，主要通过了解客户以往的付款履约记录进行评价。

• 偿付能力。客户偿付能力的高低，取决于资产特别是流动资产的数量、质量（变现能力）及其与流动负债的比例关系。

• 资本。资本特别是有形资产净值和留存收益，反映了客户的经济实力与财务状况的优劣，是客户偿付债务的最终保证。

• 抵押品。即客户提供的可作为债务支付保证的资产。能够作为信用担保的抵押财产，必须为客户实际所有，并且具有较高的市场性。

• 经济状况。指不利经济环境对客户偿付能力的影响及客户是否具有较强的应变能力。

通过以上五方面的综合评估分析，便基本可以判断客户的信用风险大小，为最后决定是否向客户提供商业信用而做好准备。

（二）信用条件

信用条件是指企业接受客户信用订单时所提出的付款要求，主要包括信用期限、折扣期限和现金折扣。信用条件的基本表现方式如“2/10，N/30”。意思是，如果客户能够在发票开出后的10天内付款，可以享受2%的现金折扣率；如果放弃折扣优惠，则全部款项必须在30日内付清。在此，30天为信用期限，10天为折扣期限，2%为现金折扣率。

1. 信用期限。信用期限是企业要求客户付款的最长期限，只要客户在此期限内能够付清账款，便认为该客户没有违约。通常，延长信用期限，可以在一定程度上扩大销售，从而增加毛利。但同时也会给企业带来不良后果：一是使平均收账期延长，占用在应收账款上的资金相应增加，引起机会成本增加；二是应收账款增加会引起坏账损失和收账费用的增加。因此，企业是否给客户延长信用期限，应视延长信用期限给企业增加的边际收益是否大于增加的边际成本而定。

企业在设置信用期限时，除了考虑其收益和成本外，还可考虑以下因素：（1）购买者信用等级。购买者信用等级越高，拒付的概率越低，企业就可以提供较为宽松的信用期限。（2）交易金额的大小。交易金额较小，信用期限可相对短一些，小金额应收账款的管理费用相对较高，而且，小客户的重要性也低一些。（3）商品是否容易保存。如果存货的变现价值低，而且不能长时间保存，企业应提供比较宽松的信用期限。

2. 现金折扣和折扣期限。**现金折扣是指企业为鼓励客户早日付款，给予客户在规定的时间内付款按销售额的一定比例享受折扣的优惠。折扣期限是指客户能享受现金折扣的最后期限。**

为了更多地招揽客户，扩大销售，加速账款回收，减少应收账款投资的机会成本与坏账损失等，企业在确定了信用期限后，通常还会对客户提前付款给予不同程度的现金折扣优惠。如前面所说的“2/10，N/30”即为附有现金折扣和折扣期限的信用条件。假如客户赊购100万元的账款，如果能够在10天内付款的话，就可以得到2万元（100×2%）的现金折扣，即只需要支付98万元的货款。超过10天的折扣期限，则须支付100万元的全额价款。

企业究竟应当核定多长的现金折扣期限以及给予客户怎样程度的现金折扣优惠，必须将其与信用期限及加速收款所得到的收益和付出的成本结合起来考察。同延长信用期限一样，采用现金折扣方式在有利于刺激销售、加速账款回收的同时，也需要付出一定的代价，即给予客户现金折扣造成的价格损失。如果加速收款带来的机会收益能够绰绰有余地补偿现金折扣成本，企业就可以采取现金折扣或进一步改变当前的折扣方针，否则，就不应采取现金折扣优惠或应继续维持当前的折扣方针。

辩一辩：现金折扣就是商业折扣。这句话对吗？

3. 信用条件备选方案的评价。企业在经营过程中，随着环境的变化，需要不断调整信用政策，因而需要对改变条件的备选方案进行认真评价。

信用标准与信用条件的改变，必然会对收益与成本两个方面产生影响，因此，我们可以通过计算信用标准及信用条件变动前后各方案的赊销净收益（或通过比较信用标准、信用条件调整前后收益与成本的变动，遵循边际收益应大于边际成本的原则），作出方案优劣的判断。

【例 5－3】 鑫华公司 2011 年应收账款的平均收账期为 30 天，公司全年实现赊销收入净额为 1 800 万元，坏账损失率为 2%，收账费用为 24 万元。另外已知公司变动成本率为 65%，资金成本率为 20%。2012 年，公司拟改变信用政策，财务人员提出三个信用条件备选方案：A：维持原信用条件不变；B：信用条件为 N/60；C：信用条件为 N/90。假设公司收账政策不变，固定成本不变，各方案的赊销水平、坏账损失率及收账费用如表 5－3 所示。

表 5－3 鑫华公司信用条件备选方案表 金额单位：万元

项　目	A	B	C
年赊销额	1 800	2 640	2 800
坏账损失率	2%	3%	5%
收账费用	24	40	56

请你帮助鑫华公司进行决策。

分析： 本题中，A、B、C 三个方案信用期限不同，导致公司的年赊销收入不同，进而引起公司的坏账损失率及收账费用也发生变化。对公司而言，不同方案进行比较、选优的主要依据就是实现公司利益的最大化。因此，本题需要分别计算 A、B、C 三个方案的赊销净收益，然后选择赊销净收益最大的方案为最优方案。

计算过程如表 5－4 所示。

表 5－4 鑫华公司信用条件分析评价表 金额单位：万元

项　目	A	B	C
年赊销额	1 800	2 640	2 800
变动成本	1 170	1 716	1 820
信用成本前收益	630	924	980
信用成本：			
机会成本	1 800/360 × 30 × 65% × 20% = 19.5	2 640/360 × 60 × 65% × 20% = 57.2	2 800/360 × 90 × 65% × 20% = 91
坏账成本	1 800 × 2% = 36	2 640 × 3% = 79.2	2 800 × 5% = 140
收账费用	24	40	56
小　计	79.5	176.4	287
信用成本后收益	550.5	747.6	693

故选择 B 方案。

【例 5－4】 接例 5－3 的资料，鑫华公司选择了 B 方案。现在公司为了加速应收账款的回收，决定将信用条件改为：2/10，1/20，n/60（D方案），预计约有60%的客户（按赊销额计算）会利用2%的折扣，15%的客户会利用1%的折扣，预计坏账损失率将降为2%，收账费用降为30万元。要求：对B、D方案进行比较分析。

分析：本题需要计算D方案的信用成本及信用成本后的收益，然后再和B方案进行比较。计算过程如下：

应收账款周转期 $=60\% \times 10+15\% \times 20+25\% \times 60=24$（天）

应收账款平均余额 $=\dfrac{2\ 640}{360} \times 24=176$（万元）

维持赊销业务所需资金 $=176 \times 65\%=114.4$（万元）

机会成本 $=114.4 \times 20\%=22.88$（万元）

坏账损失 $=2\ 640 \times 2\%=52.8$（万元）

现金折扣 $=2\ 640 \times (2\% \times 60\%+1\% \times 15\%)=35.64$（万元）

D方案信用成本后收益 $=2\ 640-35.64-1\ 716-22.88-52.8-30=782.68$（万元）

所以，选择D方案。

（三）收账政策

收账政策是指当客户违反信用条件，拖欠甚至拒付账款时企业所采取的收账策略与措施。

在企业向客户提供商业信用时，必须考虑三个问题：（1）客户是否会拖欠或拒付账款，程度如何；（2）怎样最大限度地防止客户拖欠账款；（3）一旦账款遭到拖欠或拒付，企业应采取什么样的对策。前两个问题主要依靠信用调查和严格信用审批制度来进行控制，第三个问题则必须通过制定完善的收账方针，采取有效的收账措施予以解决。可见，在企业向客户提供信用之前或当时，就应当对发生账款拖欠或拒付的各种可能性进行合理预期，并制定相应的收账方针，防患于未然。收账政策是企业整个信用政策实施过程的一个有机组成部分。

讨论：*市场经济是法治经济，履约付款是每个企业义不容辞的法定责任和义务，作为债权方企业也有要求债务方企业偿付账款的法定权益。那么，企业对所有拖欠或拒付的货款都必须通过法律手段来追偿吗？*

对于拖欠或拒付账款的催收，企业可以采取积极的收账政策，这可以减少应收账款拖欠的时间，从而减少应收账款的机会成本和坏账损失，但会增加收账成本；企业也可以采取消极的收账政策，这可能会增加坏账损失，增加应收款投资成本，但是会减少收账费用。可见，组织催收账款，也必须权衡收账费用与预期收益的关系。一般而言，收账费用支出越多，坏账损失越少，但两者并不一定存在线性关系。

【例5-5】 接例5-4的资料，鑫华公司拟调整收账政策，以进一步加快应收账款回收的速度。现有两种收账政策的备选方案。不同收账政策条件下的有关资料如表5-5所示。

表5-5　　鑫华公司不同收账政策下收账资料表

项　　目	现行收账政策	建议收账政策
年收账费用	30万元	45万元
应收账款平均收现期	24天	20天
坏账损失率	2%	1%

不考虑收账政策对销售收入的影响，问：该企业是否应当改变收账政策？

分析：本题中，不同收账政策条件下，公司的销售收入相等，即两种收账政策下公司信用成本前的收益相等，所以，只需比较不同收账政策对应的信用成本，以成本大小进行决策。计算过程如表5－6所示。

表5－6　鑫华公司不同收账政策的信用成本计算表　单位：万元

项　目	现行收账政策	建议收账政策
年销售收入	2 640	2 640
应收账款平均占用额	2 640/360×24＝176	2 640/360×20＝146.67
应收账款机会成本	176×65%×20%＝22.88	146.67×65%×20%＝19.07
坏账损失	2 640×2%＝52.8	2 640×1%＝26.4
收账费用	30	45
信用成本合计	105.68	90.47

经比较，收账政策虽然增加了收账费用，但由于公司加快了账款回收的速度，从而大幅度降低了机会成本和坏账损失，使得公司的信用成本总额减少了15.21万元，因此公司应该改变收账政策。

五、应收账款的日常管理

制定合理的信用政策，优化应收账款的投资决策，是提高应收账款投资效率，降低风险损失的基本保障。为了更加有效地促进应收账款投资的良性循环，企业还必须进一步强化应收账款的日常管理，健全应收账款管理的责任制度和控制措施，以期顺利实现应收账款投资的基本目标。

常见的企业对应收账款进行日常管理的方法主要有：

1. 应收账款追踪分析。一般来说，客户能否按期偿还货款，主要取决于以下三个因素：其一，客户的信用品质；其二，客户的财务状况；其三，客户的经营状况。这些因素企业在赊销之前通常已经作了分析，但是在赊销之后，仍然应进行追踪分析，随时了解和掌握客户的信用情况。一旦发现客户的信用发生变化，就应采取果断的措施，尽快地收回应收账款，同时对客户的信用记录进行相应的调整。

2. 应收账款账龄分析。应收账款的账龄是指未收回的应收账款从产生到目前的整个时间。应收账款账龄分析是通过编制账龄分析表，以显示应收账款账龄的长短，并按时间长短进行排序。通过账龄分析可以发现：（1）企业有多少应收账款尚在信用期内；（2）企业有多少应收账款超过了信用期；（3）不同账龄的过期账款各占多少比例；（4）有多少应收账款可能会因拖欠时间太长而发生坏账损失。

企业通过应收账款账龄分析，如果发现逾期的应收账款比重较大，首先应分析产生这种情况的原因，如果属于企业信用政策的问题，应立即进行信用政策的调整；其次，应具体分析拖欠客户的情况，搞清这些客户发生拖欠的原因是什么，拖欠的时间有多长，拖欠的金额有多少；最后，针对不同的情况采取不同的收账方法，制定出经济可行的收账方案。同时，对尚未过期的应收账款也不应放松管理和账龄分析，防止发生新的逾期拖欠。

【例5－6】　鑫华公司2011年12月31日应收账款账龄结构如表5－2所示。

表5－2表明，鑫华公司应收账款总计为874.5万元，其中在信用期内的为524.43万

元，占59.9%；逾期半年内的为174.81万元，占20%；逾期半年至一年的为87.41万元，占10%；逾期一年至两年的为43.7万元，占5%；逾期两年至三年的为34.96万元，占4%；逾期三年以上的为9.19万元，占1.1%。从总体上看，公司逾期的应收账款为350.07万元，占40%，比重较大，应引起财务管理人员的高度重视。

3. 应收账款收现保证率分析。企业当期现金支付需要量与当期应收账款之间存在着密切的关系，企业应收账款的回收是企业现金的主要来源，但应收账款的收现期却往往不稳定，与现金的需要时间也往往不一致。所以，必须确定一个应收账款收现的最低标准，以保证企业的现金需要。

应收账款收现保证率（Q）是指在一定会计期间内必须收现的应收账款（CR）占全部应收账款（R）的比重。所谓必须收现的应收账款是指在一定会计期间内，为了保证企业正常的现金流转，特别是满足具有刚性约束的纳税及偿付不能展期的到期债务的需要，而必须通过应收账款收现来补充的现金，其数值等于当期必要现金支付总额（CB）与当期其他稳定可靠的现金流入总额（CW）之间的差额。

$$CR = CB - CW$$

$$Q = \frac{CB - CW}{R}$$

其中，当期其他稳定可靠的现金流入总额是指从应收账款收现以外可以取得的其他稳定可靠的现金流入数额，主要包括短期有价证券变现净额、可随时取得的银行贷款额等。

【例5－7】 鑫华公司2012年7月预期必须以现金支付的款项有：支付工人工资50万元，应纳税款35万元，支付应付账款60万元，其他现金支出3万元。预计该期稳定的现金收回数是70万元。公司“应收账款”明细账的借方余额为：客户A 80万元、客户B 100万元、客户C 20万元。则鑫华公司当期应收账款收现保证率的计算如下：

当期现金支付总额＝50＋35＋60＋3＝148（万元）

当期应收账款总计金额＝80＋100＋20＝200（万元）

$$应收账款收现保证率 = \frac{148 - 70}{200} \times 100\% = 39\%$$

以上计算结果表明，鑫华公司当期必须收回应收账款的39%，才能最低限度保证当期必要的现金支出，否则公司便有可能出现支付危机。

4. 应收账款坏账准备金制度。只要有应收账款就有发生坏账的可能性。按照权责发生制和谨慎性原则的要求，必须对坏账发生的可能性预先进行估计，并计提相应的坏账准备金。

应收账款计提坏账准备金以后，坏账不一定会发生。一般来讲，企业的应收账款符合下列条件之一的应确认为坏账：（1）债务人死亡，以其遗产清偿后仍然无法收回的部分；（2）债务人破产，以其破产财产清偿后仍然无法收回的部分；（3）债务人较长时间内未履行偿债义务，并且有足够的证据表明无法收回或收回的可能性极小。但是，对已经确认为坏账的应收账款，并不意味着企业已经放弃了对它的追索权，一旦情况发生变化，债务人具有了偿债能力，企业就应该积极追偿。

5. 收账实务。收账实务是指企业在收账政策的指导下，对逾期尚未支付欠款的客户所采取的一系列收账程序和收账方法的总称。

收账的一般程序包括：信函通知；电话催收；上门催收；将应收账款转为应收票据；应收账款转让；诉讼解决。收账方法在催收实践中也起着重要作用。合理的收账方法有助于催收目的的顺利实现。常见的收账方法如恻隐术法、疲劳战法、激将法、软硬兼施法、讨价还价法等。

第四节　存货的管理

现实生活中有这样一种现象：商家返券销售。当你到商店购买 2 000 元商品时，商家返还 1 000 元购物券，为了用掉这 1 000 元购物券，你只好多付 200 元购买其他你可能不是很需要的商品，又得了 500 元的购物券，你又不得已再付 100 元购买其他商品，结果你又有了购物券，又购了其他商品。这时，你可能商品多了，现金却少了，烦恼也多了。同样，作为一个企业，材料是生产必不可少的物资基础，那么是不是材料库存越多越好？

一、存货——最昂贵的流动资产

存货是指企业在生产经营过程中为了生产或销售而储备的物资。具体而言，企业为生产而储备的存货主要包括原材料、辅助材料、燃料、包装物、低值易耗品等，为销售而储备的存货主要包括库存商品、产成品等。存货在企业流动资产中所占的比重较大，如鑫华公司 2011 年 12 月 31 日简易的资产负债表显示，鑫华公司存货占流动资产的比重达 47.9%。存货管理水平的高低对企业生产经营的顺利与否具有直接的影响，并且最终会影响到企业的收益和风险。因此，存货管理在整个流动资产管理中具有重要的地位。

二、存货的功能

存货的功能是指存货在企业生产经营过程中所具有的作用，具体来说，主要包括以下几个方面：

1. 防止生产经营的中断。企业主要是通过产品或商品的不断流转来获得利润，如果这种流转过程不顺畅，就会给企业造成经济损失。对于生产企业来说，如果原材料存货不足，必然会造成生产中断，停工待料；对于商业企业来说，如果畅销商品库存不足，必然会失去销售良机。

2. 适应市场的变化。企业面对的市场是千变万化的，市场对本企业产品的需求量一般来说是不稳定的。一定数量的存货储备能够增加企业在生产和销售方面的机动性和适应市场变化的能力。企业有了足够的库存，当市场的需求量突然增加时，就能及时地满足市场的变化。另外，当发生通货膨胀时，适当地储备一定数量的存货，能使企业获得物价上涨的好处。

3. 降低进货成本。一般来说，企业采购时，进货的总成本与采购物资的单价及采购的次数有着密切的关系。许多企业为了鼓励客户购买其产品，往往给购货方提供较优厚的商业折扣，即当客户的采购量达到一定数量时，便可以在价格上给予一定的折扣。所以，企业大批量集中进货，就可以降低单位物资的买价。同时，企业一定时期的采购总量一定时，采购批量较大时，采购次数就会减少，从而可以降低采购费用的支出。

4. 维持均衡生产。许多产品的市场需求具有季节性，如空调、电冰箱、羽绒服等产品，企业的生产安排一般可以随着市场的变化作相应的调整。但是，如果这些产品的生产完全按市场需求的季节性来安排，会造成生产的不均衡，忙时企业设备和人员超负荷运转，闲时生产能力得不到充分利用。这样不仅会导致生产成本的提高，而且也不利于企业的生产设备、生产人员的合理利用。因此，对这些产品的生产既要考虑到季节性的变动，又要考虑到生产的均衡性，在销售淡季适当增加产品库存。

5. 有利于企业产品的销售。对于客户来说也有一个经济采购批量的问题，所以，企业保持一定的产成品库存是有利于销售的。否则，当碰到客户的大订单时，就可能丧失商机。

三、存货的成本

虽然存货具有以上许多功能，企业持有存货必不可少，但是，并不是说存货持有越多越好，因为持有存货必然会发生一定的成本支出。如 2010 年，鑫华公司为供应材料，共发生以下费用：（1）材料进价成本 2 000 万元；（2）采购人员的工资及差旅费、办公费 70 万元；（3）材料运输、装卸、检验及入库等费用 70 万元；（4）材料储存管理费 20 万元；（5）材料保险费 20 万元；（6）材料占用资金的利息费 25 万元；（7）仓库折旧费 10 万元；（8）仓储人员的工资及办公费 50 万元。

一般来说，存货成本主要由以下几部分构成：

（一）进货成本

存货进货成本是指企业取得存货所发生的成本费用支出，包括存货的进价成本和进货费用两个方面。其中，进价成本又叫购置成本，它在数量上等于采购量与存货的采购单价的乘积。假设物价不变且无采购数量折扣，在一定时期进货总量既定的条件下，无论企业采购次数如何变动，存货的进价通常是保持相对稳定的，此时，进价成本属于决策无关成本。进货费用又称订货成本，是指企业为组织进货而开支的有关费用。进货费用按照与订货次数的关系，可分为变动性进货费用和固定性进货费用两类。变动性进货费用如差旅费、邮资费、电讯费、运输费、检验费、入库搬运费等，一定时期内订货的次数越多，费用发生额越多，因而属于决策相关的成本；固定性进货费用与订货次数无关，如办公费、采购人员工资等，属于决策无关的成本。

（二）储存成本

存货储存成本是指企业为持有存货而发生的成本费用支出，储存成本按照与储存数额的关系分为固定性储存成本和变动性储存成本两类。前者如仓库折旧费、仓库职工的固定工资等，这些费用与存货储存数额的多少没有直接联系，属于决策无关的成本；而变动性储存费用则与存货储存数额成正比例变动关系，如存货资金的利息费、仓储费用、保险费用、存货库存损耗等。这类成本属于决策相关的成本。

（三）缺货成本

缺货成本是指因存货不足而给企业造成的损失，主要包括由于原材料供应中断造成的停工待料损失、产品供应中断导致延误发货的信誉损失以及丧失市场机会的有形与无形损失等。缺货成本因其计量困难，常常不予考虑。

四、存货管理的目标

综上所述，对于一般的企业（尤其是制造业、商业等）来说，持有一定数量的存货是十分必要的。但是，存货的增加必然要占用更多的资金，使企业付出较多的持有成本，因此，存货管理的目标就是要在充分发挥存货功能的前提下，不断降低存货成本，以最低的存货成本保障企业生产经营的顺利进行。

五、存货基本经济批量决策

人们对于存货的一般期望是保存安全库存量，不要缺货，以便随时满足生产的需要，满足客户的要求。有时为了享受大批量采购的优惠价格，还会人为增加一些不必要的原料库存。库存的增加，使得储存成本增加，而且还可能承担一定的跌价风险。同时，存货的出现是以现金的消失为代价的，由于存货占用了太多的现金，将会导致流动资金的周转速度变缓，利润下降。

存货批量决策是在认真分析存货各项成本的基础上，通过对存货所产生的功能和成本进行合理权衡，确定合理的存货持有量，以便更好地实现存货管理的目标。

存货的基本经济批量是指能够使一定时期存货的相关总成本达到最低的采购批量。通过上述对存货成本分析可知，在一定时期存货需求总量一定以及物价不变且无采购数量折扣的条件下，决定存货经济进货批量的成本因素主要包括变动性进货费用（简称进货费用）、变动性储存成本（简称储存成本）及缺货成本。不同的成本项目与进货批量呈现着不同的变动关系。减少进货批量，增加进货次数，会影响储存成本降低，但同时会导致进货费用和缺货成本提高；相反，增加进货批量，减少进货次数，有利于降低进货费用和缺货成本，但同时会引起储存成本提高。因此，如何协调各项成本间的关系，使其总和保持最低水平，是企业组织进货过程需要解决的主要问题。

想一想：存货的进货费用、缺货成本和储存成本之间是此消彼长的关系。在节约存货成本这个问题上，是不是也隐含着“鱼和熊掌不可皆得”这一简单的道理呢？

为了将问题简化，在进行经济批量决策时，常常作如下假设：（1）企业一定时期的进货总量可以较为准确地预测；（2）存货的耗用或销售比较均衡；（3）存货的价格稳定，且不存在数量折扣；（4）进货日期完全由企业自行决定，并且每当存货量降为零时，下一批存货均能马上一次到位；（5）仓储条件及所需现金不受限制；（6）不允许出现缺货；（7）所需存货市场供应充足，并能集中到货。

在满足以上假设的前提下，存货的进价成本和短缺成本都不是决策的相关成本，此时，与存货订购批量、批次直接相关的就只有进货费用和储存成本两项。

想一想：如果存在数量折扣，这时，与批量相关的成本有哪些？

假设：Q 为经济进货批量；A 为某种存货的年度计划进货总量；B 为平均每次进货费

用；C 为单位存货年储存成本；P 为进货单价。则：

$$存货相关总成本（TC）=相关进货费用+相关储存成本$$

$$=\frac{存货全年计划进货总量}{每次进货批量}\times每次进货费用$$

$$+\frac{每次进货批量}{2}\times单位存货年储存成本$$

$$=\frac{A}{Q}\times B+\frac{Q}{2}\times C$$

根据数学原理，当相关进货费用和相关储存成本相等时，存货相关总成本最低。此时的进货批量就是经济进货批量。

令 $\frac{A}{Q}\times B=\frac{Q}{2}\times C$，可得到：

$$经济进货批量（Q）=\sqrt{\frac{2AB}{C}}$$

$$经济进货批量存货相关总成本（TC）=\sqrt{2ABC}$$

$$经济进货批量平均占用资金（W）=\frac{PQ}{2}$$

$$年度最佳进货批次（N）=\frac{A}{Q}$$

【例 5-8】 鑫华公司每年需耗用甲材料 36 万千克，该材料的单位采购成本为 100 元，单位年储存成本为 4 元，平均每次进货费用为 200 元。则：

经济进货批量（Q）$=\sqrt{\frac{2AB}{C}}=\sqrt{\frac{2\times360\ 000\times200}{4}}=6\ 000$（千克）

经济进货批量存货相关总成本（TC）$=\sqrt{2ABC}=\sqrt{2\times360\ 000\times200\times4}=24\ 000$（元）

经济进货批量平均占用用资金（W）$=\frac{PQ}{2}=\frac{100\times6\ 000}{2}=300\ 000$（元）

年度最佳进货批次（N）$=\frac{A}{Q}=\frac{360\ 000}{6\ 000}=60$（次）

需要注意的是，经济进货批量的基本模式只是建立在上述各种假设基础上的一种理想化的存货控制方法。实际工作中，通常还存在着数量优惠（即商业折扣）以及允许一定程度的缺货情形发生等，这就使得上述假设条件很难完全具备。因此，企业不能机械地套用这一基本模式来确定存货的经济进货批量，而必须同时结合价格折扣及缺货成本等不同的情况具体分析，灵活运用。

六、存货的日常管理

企业在存货管理的过程中，除了做好存货的批量决策和控制以外，还应加强存货的日常管理，落实存货管理的目标责任制度，强化存货的实物管理和清查盘点工作，以保证存货高质、高效运转，提高存货的投资效益。

（一）存货的归口分级管理

存货的归口分级管理，是加强存货实物管理，落实各部门存货管理的责任，以便节约使用资金，降低产品成本，加速存货周转，提高存货使用效率的一种管理办法。存货归口分级管理具体包括以下三方面的内容：

1. 加强财务部门对存货的综合管理。财务部门对存货的综合管理包括：(1) 根据国家有关制度和企业具体情况制定企业存货管理的各种制度；(2) 认真分析各种存货的需要量和需要时间，编制存货进货计划；(3) 保证存货所需资金的及时供应；(4) 对各单位的资金运用状况进行检查和分析，统一考核存货的利用情况，提高存货资金的使用效率。

2. 实行存货资金的归口管理。存货资金的归口管理是按照资金使用和资金管理相结合，资金管理和物资管理相结合的原则，把存货资金管理的责任落实到各个存货使用部门，做到谁使用，谁管理，以加速存货的周转速度，提高存货的使用效率。

3. 实行存货资金的分级管理。各归口管理部门要根据具体情况将存货管理的责任分解到所属部门和个人，层层落实，责任到人。

(二) 存货的 ABC 分类管理

1. ABC 分类管理的概念。**ABC 分类管理就是按照一定的标准，将企业的存货划分为 A、B、C 三类，分别实行按品种重点管理、按类别一般控制和按总额灵活掌握的存货管理办法。**

2. 存货 ABC 分类的标准。存货 ABC 分类的标准有两个：一是金额标准，二是品种数量标准。其中金额标准是最基本的标准，品种数量标准仅作参考。

A 类存货的特点是金额巨大，但品种数量较少，如大型备品备件等；B 类存货金额一般，品种数量相对较多，如日常生产消耗用材料等；C 类存货品种数量繁多，但价值金额较小，如办公用品、劳保用品等。一般而言，三类存货的金额比重大致为 A∶B∶C＝0.7∶0.2∶0.1，而品种数量比重大致为 A∶B∶C＝0.1∶0.2∶0.7。通过 ABC 分类后，抓住重点存货，控制一般存货，制定出较为合理的存货采购计划，从而有效地控制存货库存，减少储备资金占用，加速资金周转。

3. 存货 ABC 分类的方法及步骤：(1) 列示企业全部存货的明细表，并计算出每种存货的价值总额及占全部存货金额的百分比。(2) 按照金额标志由大到小进行排序并累加金额百分比。(3) 当金额百分比累加到 70% 左右时，以上存货视为 A 类存货；介于 70%～90% 左右的存货作为 B 类存货；其余则为 C 类存货。

【例 5－9】 鑫华公司共有 20 种原材料，共占用资金 10 万元，按占用资金多少顺序排列后，根据上述原则划分成 A、B、C 三类，具体情况如表 5－7 所示。

表 5－7　　存货 ABC 分类表

材料品种（编号）	占用资金数额（元）	类别	各类存货数量占存货总量的		各类存货资金占存货总资金的	
			比重（%）	累计比重（%）	比重（%）	累计比重（%）
1	50 000	A	5	5	50	50
2	20 000		5	10	20	70
3	8 000	B	5	15	8	78
4	6 000		5	20	6	84

续表

材料品种（编号）	占用资金数额（元）	类别	各类存货数量占存货总量的		各类存货资金占存货总资金的	
			比重（%）	累计比重（%）	比重（%）	累计比重（%）
5	4 000		5	25	4	88
6	3 000		5	30	3	91
7	1 400	C	5	40	1.4	92.4
8	1 200		5	45	1.2	93.6
9	1 100		5	50	1.1	94.7
10	1 000		5	55	1	95.7
11	900		5	60	0.9	96.6
12	800		5	65	0.8	97.4
13	700		5	70	0.7	98.1
14	600		5	75	0.6	98.7
15	500		5	80	0.5	99.2
16	400		5	85	0.4	99.6
17	200		5	90	0.2	99.8
18	100		5	95	0.1	99.9
19	60		5	100	0.06	99.96
20	40				0.04	100
合计	100 000	—	100	—	100	—

（三）建立健全存货清查制度

企业应当建立存货清查制度，对存货进行定期或不定期的盘点，年度终了前对存货进行一次全面的盘点清查。对于盘盈、盘亏、毁损以及报废的存货，应当及时查明原因，按照财务制度的规定及时处理。

习　题

一、单项选择题

1. 流动资产完成一次循环的时间与生产经营周期具有（　　）。

A. 一致性　　B. 不一致性

C. 不一定　　D. 有差异

2. 下列各项中，（　　）不属于流动资产。

A. 预收账款　　B. 交易性金融资产

C. 现金及各种存款　　D. 存货

3. 下列关于货币资产的描述正确的是（　　）。

A. 流动性强，赢利性也强　　B. 流动性强，赢利性差

C. 流动性差，赢利性也差　　D. 流动性差，赢利性强

4. 企业在制定信用政策时，通常用预计的坏账损失率来衡量信用标准的高低。一般来说，企业规定的预计坏账损失率越高，说明企业的信用标准越（ ）。

A. 严格　　B. 宽松

C. 二者无关

5. 基本经济批量是一定时期内使企业存货的（ ）总和最低的采购批量。

A. 采购成本和订货成本　　B. 采购成本和储存成本

C. 采购成本、订货成本和储存成本　　D. 订货成本和储存成本

6. 在 ABC 分类管理中，划分 ABC 类材料的基本标准是（ ）。

A. 金额标准　　B. 重量标准

C. 数量标准　　D. 金额和数量标准

7. 某企业规定的信用条件是“3/10，1/20，N/30”，一客户从该企业购入原价为 1 万元的材料，并于第 18 天付款，则该客户实际支付的货款为（ ）元。

A. 7 700　　B. 9 900

C. 1 000　　D. 9 000

8. 企业持有现金的原因，主要是为了满足（ ）。

A. 交易性、预防性、收益性需要　　B. 交易性、投机性、收益性需要

C. 交易性、预防性、投机性需要　　D. 投机性、预防性、收益性需要

二、多项选择题

1. 流动资产与固定资产及其他资产相比，具有以下特点（ ）。

A. 周转速度快，变现能力强　　B. 占用形态经常变动

C. 投资的数量具有波动性　　D. 投资风险高，收益能力强

2. 货币资金的功能主要包括（ ）。

A. 支付的功能　　B. 储存的功能

C. 预防的功能　　D. 投机的功能

3. 延长信用期限对企业的影响可能有（ ）。

A. 扩大销售量　　B. 增加机会成本

C. 坏账损失增加　　D. 收账费用增加

4. 信用条件是指企业要求顾客支付赊销款项的条件，包括（ ）。

A. 信用期限　　B. 折扣期限

C. 现金折扣　　D. 收账政策

5. 企业持有存货的功能包括（ ）。

A. 维持均衡生产　　B. 防止停工待料

C. 降低进货成本　　D. 适应市场变化

6. 企业持有存货，必然会有一定的成本支出。与存货有关的成本有（ ）。

A. 进货成本　　B. 储存成本

C. 缺货成本　　D. 坏账成本

7. 现金交易动机是指企业持有现金以满足企业（   ）。

A. 购买生产经营所需原材料的需要

B. 支付生产经营中应付工资的需要

C. 进行短期投资的需要

D. 防止主要客户不能及时付款而影响企业正常收支的需要

8. 如果企业信用标准过高，将会（   ）。

A. 扩大销售　　B. 增加坏账损失

C. 降低违约风险　　D. 降低企业竞争能力

三、判断题

1. 一般而言，企业资产的流动性越强，获利能力就越高。（   ）
2. 企业如果采用较积极的收账政策，可能会增加坏账损失。（   ）
3. 储存成本的高低与采购量的多少成正比。（   ）
4. 投资于应收账款而丧失的利息收入为应收账款的机会成本。（   ）
5. 流动资产各组成部分的流动性完全相同。（   ）
6. 企业持有的现金总额等于企业由于各种动机所需现金余额的总和。（   ）

四、计算题

1. 某公司全年现金需要量为 60 万元，存货平均周转期为 70 天，应付账款平均付款期为 50 天，应收账款平均收款期为 40 天。

要求：计算公司的最佳现金持有量。

2. 某公司全年需用甲零件 4 800 件，每次的订货成本为 800 元，每件零件的年储存成本为 3 元。

要求：（1）计算甲零件的经济订购批量和年最佳订货次数。

（2）计算甲零件经济订购批量点的年储存成本和年订货成本。

3. 某公司拟制定下年度的信用政策，现有两个方案供选择：

方案 A：信用标准比较严格，确定的坏账损失率为 5%，信用条件是“N/30”，并采取积极的收账政策，预计全年的收账费用为 1 万元。采用这种信用政策，预计全年可实现销售收入 100 万元，预计平均收账期为 45 天。

方案 B：信用标准相对宽松，确定的坏账损失率为 8%，信用条件是“1/10，N/40”，采取一般的信用政策，预计全年的收账费用为 6 000 元。采取这种信用政策，预计全年可实现销售收入 120 万元，50% 的款项会在折扣期内支付，预计平均收账期为 60 天。

该公司的变动成本率为 60%，销售利润率为 20%，有价证券利息率为 10%。

要求：比较分析上述两种信用方案并帮助作出决策。

第6章 固定资产管理

学习目标：
- ☐ 掌握固定资产的概念及其标准
- ☐ 掌握固定资产的风险控制
- ☐ 掌握折旧的含义及其折旧政策的选择
- ☐ 掌握固定资产需要量的预测方法

第一节 固定资产管理内容

一、固定资产的概念

固定资产是指企业使用期限超过一年的房屋、建筑物、机器、机械、运输工具以及其他与生产、经营有关的设备、器具、工具等。不属于生产经营主要设备的物品，单位价值在2 000元以上，并且使用年限超过两年的，也应当作为固定资产。固定资产是企业的劳动手段，也是企业赖以生产经营的主要资产。

从会计的角度划分，固定资产一般被分为生产用固定资产、非生产用固定资产、租出固定资产、未使用固定资产、不需用固定资产、融资租赁固定资产、接受捐赠固定资产等。

固定资产的价值是根据它本身的磨损程度逐渐转移到新产品中去的，它的磨损分为有形磨损和无形磨损两种情况；固定资产在使用过程中因损耗而转移到产品中去的那部分价值的一种补偿方式，叫做“折旧”。折旧的计算方法主要有平均年限法、工作量法、年限总和法等；固定资产在物质形式上进行替换，在价值形式上进行补偿，就是更新；此外，还有固定资产的维持和修理等。

二、固定资产的日常管理

企业应当根据固定资产特点，分析、归纳、设计合理的业务流程，查找管理的薄弱环节，健全全面风险管控措施，保证固定资产安全、完整、高效运行。固定资产业务流程，通常可以分为取得、验收移交、日常维护、更新改造和淘汰处置等几个环节。

（一）固定资产取得

固定资产涉及外购、自行建造、非货币性资产交换换入等方式。生产设备、运输工具、房屋建筑物、办公家具和办公设备等不同类型固定资产有不同的验收程序和技术要求，同一类固定资产也会因其标准化程度、技术难度等的不同而对验收工作提出不同的要求。通常来说，办公家具、电脑、打印机等标准化程度较高的固定资产验收过程较为简化，对一些复杂的大型生产设备，尤其是定制的高科技精密仪器，以及建筑物竣工验收等，需要一套规范、严密的验收制度。该环节的主要风险是：新增固定资产验收程序不规范，可能导致资产质量不符要求、进而影响资产运行；固定资产投保制度不健全，可能导致应投保资产未投保、索赔不力，不能有效防范资产损失风险。

主要管控措施包括：

1. 建立严格的固定资产交付使用验收制度。企业外购固定资产应当根据合同、供应商发货单等对所购固定资产的品种、规格、数量、质量、技术要求及其他内容进行验收，出具验收单，编制验收报告。企业自行建造的固定资产，应由建造部门、固定资产管理部门、使用部门共同填制固定资产移交使用验收单，验收合格后移交使用部门投入使用。未通过验收的不合格资产，不得接收，必须按照合同等有关规定办理退换货或其他弥补措施。对于具有权属证明的资产，取得时必须有合法的权属证书。

2. 重视和加强固定资产的投保工作。企业应当通盘考虑固定资产状况，根据其性质和特点，确定和严格执行固定资产的投保范围和政策。投保金额与投保项目力求适当，对应投保的固定资产项目按规定程序进行审批，办理投保手续，规范投保行为，应对固定资产损失风险。对于重大固定资产项目的投保，应当考虑采取招标方式确定保险人，防范固定资产投保舞弊。已投保的固定资产发生损失的，及时调查原因及受损金额，向保险公司办理相关的索赔手续。

（二）资产登记造册

企业取得每项固定资产后均需要进行详细登记，编制固定资产目录，建立固定资产卡片，便于固定资产的统计、检查和后续管理。该环节的主要风险是：固定资产登记内容不完整，可能导致资产流失、资产信息失真、账实不符。

主要管控措施包括：

1. 根据固定资产的定义，结合自身实际情况，制定适合本企业的固定资产目录，列明固定资产编号、名称、种类、所在地点、使用部门、责任人、数量、账面价值、使用年限、损耗等内容，有利于企业了解固定资产使用情况的全貌。

2. 按照单项资产建立固定资产卡片，资产卡片应在资产编号上与固定资产目录保持对应关系，详细记录各项固定资产的来源、验收、使用地点、责任单位和责任人、运转、维修、改造、折旧、盘点等相关内容，便于固定资产的有效识别。固定资产目录和卡片均应定期或不定期复核，保证信息的真实和完整。

（三）固定资产运行维护

该环节的主要风险是：固定资产操作不当、失修或维护过剩，可能造成资产使用效率低下、产品残次率高，甚至发生生产事故或资源浪费。

主要管控措施包括：

1. 固定资产使用部门会同资产管理部门负责固定资产日常维修、保养，将资产日常维护流程体制化、程序化、标准化，定期检查，及时消除风险，提高固定资产的使用效率，切实消除安全隐患。

2. 固定资产使用部门及管理部门建立固定资产运行管理档案，据以制定合理的日常维修和大修理计划，并经主管领导审批。

3. 固定资产实物管理部门审核施工单位资质和资信，并建立管理档案；修理项目应分类，明确需要招投标项目。修理完成，由施工单位出具交工验收报告，经资产使用和实物管理部门核对工程量并审批。重大项目应专项审计。

4. 企业生产线等关键设备的运作效率与效果将直接影响企业的安全生产和产品质量，操作人员上岗前应由具有资质的技术人员对其进行充分的岗前培训，特殊设备实行岗位许可制度，需持证上岗，必须对资产运转进行实时监控，保证资产使用流程与既定操作流程相符，确保安全运行，提高使用效率。

（四）固定资产升级改造

企业需要定期或不定期对固定资产进行升级改造，以便不断提高产品质量，开发新品种，降低能源资源消耗，保证生产的安全环保。固定资产更新有部分更新与整体更新两种情形，部分更新的目的通常包括局部技术改造、更换高性能部件、增加新功能等方面，需权衡更新活动的成本与效益综合决策；整体更新主要指对陈旧设备的淘汰与全面升级，更侧重于资产技术的先进性，符合企业的整体发展战略。该环节的主要风险是：固定资产更新改造不够，可能造成企业产品线老化、缺乏市场竞争力。

主要管控措施包括：

1. 定期对固定资产技术先进性评估，结合赢利能力和企业发展可持续性，资产使用部门根据需要提出技改方案，与财务部门一起进行预算可行性分析，并且经过管理部门的审核批准。

2. 管理部门需对技改方案实施过程适时监控、加强管理，有条件企业建立技改专项资金并定期或不定期审计。

（五）资产清查

企业应建立固定资产清查制度，至少每年全面清查，保证固定资产账实相符、及时掌握资产赢利能力和市场价值。固定资产清查中发现的问题，应当查明原因，追究责任，妥善处理。该环节的风险主要是：固定资产丢失、毁损等造成账实不符、或资产贬值严重等。

主要管控措施包括：

1. 财务部门组织固定资产使用部门和管理部门需定期进行清查，明确资产权属，确保实物与卡、财务账表相符，在清查作业实施之前编制清查方案，经过管理部门审核后进行相关的清查作业。

2. 在清查结束后，清查人员需要编制清查报告，管理部门需就清查报告进行审核，确保真实性、可靠性。

3. 清查过程中发现的盘盈（盘亏），应分析原因，追究责任，妥善处理，报告审核通过后及时调整固定资产账面价值，确保账实相符，并上报备案。

（六）抵押质押

抵押是指债务人或者第三人不转移对财产的占有权，而将该财产抵押作为债权的担保，当债务人不履行债务时，债权人有权依法以抵押财产折价或以拍卖、变卖抵押财产的价款优先受偿。质押也称质权，就是债务人或第三人将其动产移交债权人占有，将该动产作为债权的担保，当债务人不履行债务时，债权人有权依法就该动产卖得价金优先受偿。企业有时因资金周转等原因以其固定资产作抵押物或质物向银行等金融机构借款，如到期不能归还借款，银行则有权依法以该固定资产折价或拍卖。该环节的主要风险是：固定资产抵押制度不完善，可能导致抵押资产价值低估和资产流失。

主要管控措施包括：

1. 加强固定资产抵押、质押的管理，明晰固定资产抵押、质押流程，规定固定资产抵押、质押的程序和审批权限等，确保资产抵押、质押经过授权审批及适当程序。同时，应做好相应记录，保障企业资产安全。

2. 财务部门办理资产抵押时，如需要委托专业中介机构鉴定评估固定资产的实际价值，应当会同金融机构有关人员、固定资产管理部门、固定资产使用部门现场勘验抵押品，对抵押资产的价值进行评估。对于抵押资产，应编制专门的抵押资产目录。

（七）固定资产处置

该环节的主要风险是：固定资产处置方式不合理，可能造成企业经济损失。主要管控措施：企业应当建立健全固定资产处置的相关制度，区分固定资产不同的处置方式，采取相应控制措施，确定固定资产处置的范围、标准、程序和审批权限，保证固定资产处置的科学性，使企业的资源得到有效的运用。

1. 对使用期满、正常报废的固定资产，应由固定资产使用部门或管理部门填制固定资产报废单，经企业授权部门或人员批准后对该固定资产进行报废清理。

2. 对使用期限未满、非正常报废的固定资产，应由固定资产使用部门提出报废申请，注明报废理由、估计清理费用和可回收残值、预计处置价格等。企业应组织有关部门进行技术鉴定，按规定程序审批后进行报废清理。

3. 对拟出售或投资转出及非货币交换的固定资产，应由有关部门或人员提出处置申请，对固定资产价值进行评估，并出具资产评估报告。报经企业授权部门或人员批准后予以出售或转让。企业应特别关注固定资产处置中的关联交易和处置定价，固定资产的处置应由独立于固定资产管理部门和使用部门的相关授权人员办理，固定资产处置价格应报经企业授权部门或人员审批后确定。对于重大固定资产处置，应当考虑聘请具有资质的中介机构进行资产评估，采取集体审议或联签制度。涉及产权变更的，应及时办理产权变更手续。

4. 对出租的固定资产由相关管理部门提出出租或出借的申请，写明申请的理由和原因，并由相关授权人员和部门就申请进行审核。审核通过后应签订出租或出借合同，包括合同双方的具体情况、出租的原因和期限等内容。

第二节 折旧政策

固定资产是企业资产的重要组成部分，大多数生产企业固定资产占整个企业资产总额的一半以上，而且固定资产的单位价值也较高。固定资产的价值损耗是通过计提折旧的形式进行补偿的，计提的折旧计入企业的成本、费用，是成本费用的重要组成部分，如何合理、正确地进行折旧的核算，关系到企业经营成果的真实性和合理性，因此，折旧问题是固定资产管理的重要问题。

一、折旧及折旧政策

固定资产折旧是指一定时期内为弥补固定资产损耗、按照规定的固定资产折旧率提取的固定资产折旧，或按国民经济核算统一规定的折旧率虚拟计算的固定资产折旧。它反映了固定资产在当期生产中的转移价值。

企业在计提固定资产折旧时，有很多方法可以选择，如：年限平均法、工作量法、双倍余额递减法、年数总和法，这里不作详细介绍。

企业折旧政策是指企业根据自身的财务状况、经营目标及其变化趋势，对折旧方法和折旧年限作出的理性选择。折旧方法就是对固定资产损耗分配的时间范围问题，不同的计提方法和计提范围构成了不同的折旧政策。

二、折旧政策的选择

折旧政策从根本上讲就是如何进行折旧方法和折旧期间的有效组合。折旧方法有两种基本类型，就是快速折旧法和直线折旧法。快速折旧法，也称递减法，是指固定资产在前期提取较多的费用，以后逐年递减的一种折旧计算方法，目前快速折旧法具体包括年数总和法及双倍余额递减法。许多固定资产与设备在全新时效率很高，即在最初数年提供的效益较高，因此折旧费用也应较大，采用快速折旧法合乎成本与收益配比的会计原则。这种方法可以加速固定资产的更新，促进企业技术进步，刺激生产和经营增长，同时降低了企业当前利润水平，延迟了纳税，给企业带来了纳税优惠。直线折旧法，是指将固定资产成本均衡地分摊于折旧期内的各个会计期间。这种方法简单明了，易于计算。但忽视了固定资产实际损耗状况，由于各期固定资产的耗用情况不同，按照直线法平均计提折旧会出现明显的账实不符现象，影响了财务信息的质量，妨碍了客观、公正地对各期的经济效益作出评价。

（一）企业的折旧政策

折旧的期限分为长期和短期的两种，长期一般是以固定资产的实物使用为折旧期限；短期则是以固定资产的经济使用年限为折旧期限，长、短期限反映了企业对固定资产磨损、资本保全、风险的态度不同。根据折旧方法和折旧政策的不同组合，企业的折旧政策可归纳为以下类型：

1. 短期快速折旧政策。它要求折旧在较短的期限里提取完，折旧数额的时间分布可以是各年等额，也可以是先多后少，使投资尽早收回。这种方法适合于高新技术企业。

2. 长期快速折旧政策，它是指折旧的提取依时间顺序先多后少，使固定资产投资收回先期较多、后期较少，在折旧时期上并不缩短。

3. 长期平均折旧政策。它是指折旧提取的时间较长，并且折旧期间内各期提取的折旧数额相等，使固定资产投资收回的数额平均分布在折旧期。

（二）企业折旧政策选择的标准

从整体上讲，折旧政策的选择，应既不使企业市价降低，同时也应尽可能地满足企业特定时期的理财需要。以此为基础，折旧政策选择的总标准就是：

1. 当企业赢利水平不断提高时，可以选择长期平均折旧。这样，或者可以使各期可分配利润不致下降，或者可以因盈利水平提高，使可分配利润上升。

2. 当企业赢利水平呈下降趋势或先高后低时，可以选择短期快速折旧和长期快速折旧，这样或者可以使各期的可分配利润不致下降，或者可以因折旧减少速度超过赢利水平的下降程度，而使各期可分配利润略有上升；还可以把折旧政策与财务目标结合起来，使财务报表所揭示的利润信息或获利水平显示出稳定和稳步增长的趋势，企业的市值也会同样稳定。当然，制定折旧政策还应考虑其他因素，而且有些因素对折旧政策的影响与企业价值还可能出现矛盾。例如，当企业需要以增加折旧来增加可用现金、延期纳税时，会导致企业可分配利润的减少，影响企业市价。因此，考虑到这些特殊因素，折旧政策的选择标准就应作适当调整。

总的来说，折旧政策的选择应从企业的实际情况出发，充分认识折旧的财务意义，认识到折旧与财务状况之间的辩证关系，综合考虑各种影响因素后谨慎作出。现举例说明如下：

【例 6－1】 内地某企业，企业逐年盈利，未享受企业所得税优惠政策，企业所得税税率为25%，2008 年拟购进一项由于技术进步产品更新换代较快的固定资产，该项固定资产原值 500 万元，预计净残值 20 万元，预计使用寿命 5 年，与税法规定的折旧最低年限相同。根据税法规定，该项固定资产在折旧方面可享受税收优惠政策。假定按年复利利率 10% 计算，第 1 年至第 5 年的现值系数分别为：0.909、0.826、0.751、0.683、0.621。

方案一 采取通常折旧方法。企业不考虑税收优惠政策而按通常折旧方法计提折旧，以年限平均法计提折旧，即将固定资产的应计折旧额均衡地分摊到固定资产预计使用寿命内。固定资产折旧年限 5 年，年折旧额为（500－20）÷5＝96 万元，累计折旧现值合计为 96×0.909＋96×0.826＋96×0.751＋96×0.683＋96×0.621＝363.84 万元，因折旧可税前扣除，相应抵税 363.84×25%＝90.96 万元。

方案二 采取缩短折旧年限方法。企业选择最低折旧年限为固定资产预计使用寿命的 60%，则该固定资产最低折旧年限为 5×60%＝3 年，按年限平均法分析，年折旧额为（500－20）÷3＝160 万元，累计折旧现值合计为 160×0.909＋160×0.826＋160×0.751＝397.76 万元，因折旧可税前扣除，相应抵税 397.76×25%＝99.44 万元。

方案三 采取双倍余额递减法。即在不考虑固定资产预计净残值的情况下，根据每期期初固定资产原价减去累计折旧后的金额和双倍的直线法折旧率计算固定资产折旧。第 1 年折旧额为 500×2÷5＝200 万元，第 2 年折旧额为（500－200）×2÷5＝120 万元，第 3 年折旧额为（500－200－120）×2÷5＝72 万元，第 4 年、第 5 年折旧额为（500－200－120－72－20）×2＝44 万元。累计折旧现值合计为 200×0.909＋120×0.826＋72×0.751＋44×0.683＋44×

0.621 = 392.368 万元，因折旧可税前扣除，相应抵税 392.368 ×25% = 98.092 万元。

方案四 采取年数总和法。即将固定资产的原价减去预计净残值后的余额，乘以一个固定资产可使用寿命为分子、以预计使用寿命逐年数字之和为分母的逐年递减的分数计算每年的折旧额。第 1 年折旧额为（500 – 20）×5 ÷ 15 = 160 万元，第 2 年折旧额为（500 – 20）×4 ÷ 15 = 128 万元，第 3 年折旧额为（500 – 20）×3 ÷ 15 = 96 万元，第 4 年折旧额为（500 – 20）×2 ÷ 15 = 64 万元，第 5 年折旧额为（500 – 20）×1 ÷ 15 = 32 万元，累计折旧现值合计为 160 ×0.909 + 128 ×0.826 + 96 ×0.751 + 64 ×0.683 + 32 ×0.621 = 386.848 万元，因折旧可税前扣除，相应抵税 386.848 ×25% = 96.712 万元。

对上述 4 种方案比较分析，采取缩短折旧年限或加速折旧方法，在固定资产预计使用寿命前期计提的折旧较多，因货币的时间价值效应，较采取通常折旧方法抵税效益明显。在上述 4 种方案中，方案一采取通常折旧方法抵税最少，方案二采取缩短折旧年限方法抵税最多，采取缩短折旧年限方法较正常折旧方法多抵税 99.44 – 90.96 = 8.48 万元；方案三双倍余额递减法次之，采取双倍余额递减法较正常折旧方法多抵税 98.092 – 90.96 = 7.132 万元；采取方案四年数总和法，较正常折旧方法多抵税 96.712 – 90.96 = 5.752 万元。

上例中，如果采取缩短折旧年限方法所选用的最低折旧年限为固定资产预计使用寿命的 80%，即折旧年限按 5 ×80% = 4 年计算，则累计折旧现值合计为 380.28 万元，因折旧可税前扣除，相应抵税 380.28 ×25% = 95.07 万元，较通常折旧方法多抵税 95.07 – 90.96 = 4.11 万元，则 4 种方案中采取双倍余额递减法效果最好。

再以上例分析，如果该项固定资产预计净残值 5 万元，预计使用寿命 5 年，按年复利利率 10% 计算，采取正常折旧方法抵税 304.128 万元，采取缩短折旧年限方法抵税 359.205 万元，采取双倍余额递减法抵税 339.121 万元，采取年数总和法抵税 346.914 万元，也是采取缩短折旧年限方法抵税最多。

在实际工作中，企业设定的固定资产折旧年限与税法所规定的最低折旧年限不一定相同，对此，企业应具体情况具体分析，将会计核算计提的折旧与税法规定不一致的进行纳税调整，并据此选择合理有效的折旧方法。

三、折旧政策对企业财务的影响

（一）对企业筹资的影响

折旧费用随着货款的收回沉淀在企业，成为企业更新固定资产的重要来源。在某一特定的会计期间内，不同的折旧政策决定着这一来源的规模。折旧费提得越多，意味着企业沉淀下的现金越多，或者说出于固定资产更新准备的现金越多，随着企业可利用自有资金的增多，对外筹资后的企业综合资本成本都相对降低。可以说，折旧政策的选择应根据未来期间的资金需求和企业将要面临的筹资环境而定。

（二）对企业投资的影响

影响固定资产投资决策的一个重要因素就是可利用的资金规模，由于折旧政策影响着企业内部筹资量，因此它也就间接地影响着企业的投资活动。可利用的资本越多，而且成本相对较低时，就会刺激企业的投资活动。折旧政策不仅从规模上影响投资活动，它还会影响固定资产更新投资的速度。如采用快速折旧，固定资产的更新也会加快。

（三）对分配的影响

折旧政策的选择，直接决定进入产品和劳务成本中的折旧成本的多少。在其他因素不变的情况下，不同的折旧政策会使企业同一期间的可分配利润金额有所不同，从而影响企业分配。

四、折旧政策的影响因素

没有哪一种折旧政策是完美无缺的，也没有哪一种折旧政策是放之四海而皆准的。如果没有选择正确的折旧政策，无论价值形态还是实物形态，企业的固定资产都难以得到补偿的，生产能力的提高以及收益的计量都有重要的影响。制定固定资产折旧政策应考虑以下几点：

（一）制定折旧政策的主体

折旧政策是企业财务政策的一个重要组成部分，在我国，由于国家具有国有企业投资者的身份，因此，我国国有企业的折旧管理政策由国家财政部门统一制定；另外，当企业采用的折旧政策与税法规定不一致时，在缴纳所得税时，根据税法要求再进行必要的调整。

（二）企业一定时期的现金流动状况

在实际工作中，财务经理日常的大部分精力都是放在现金流的管理中。财务经理对现金净流量的关心要远胜于对会计利润的关心，许多日常的财务决策也是从这个角度作出的。根据计算现金净流量的简略公式：现金净流量 = 税后利润 + 折旧，可以得出，折旧作为现金流量的一个增量，它的多少是调节企业现金流动状况的重要依据。从长期来看，无论采用什么折旧方法，在设备使用年限内所提供的现金流入量总额是相等的，但从短期来看，加速折旧法可以提早提供可利用的资源。由于货币时间价值，加速折旧法比其他的方法能提供较大的折现后的现金流入量，因此，在制定折旧政策时，应利用折旧的成本特点，综合考虑现金状况后，选择适宜的折旧政策。

（三）纳税义务的考虑

折旧政策的选择直接影响着企业应纳税所得的多少，国家对折旧政策的选择是有所管制的，企业只在国家折旧政策的弹性范围内作出有限选择并尽量节约税金。虽然纳税总额与其他方法基本一致，但根据货币时间价值的观念，企业通过延期纳税，实际上是节约了税金。

（四）资本保全的考虑

一般来讲，固定资产在全新时工作效率较高，提供的效益较大。企业在选择折旧政策时应考虑到这一特点，以便使企业能够尽早收回大部分投资，减少物价变动造成的货币贬值风险，保全实物生产能力。在技术不断进步、设备更新换代加快以及物价变动较大的情况下，为保全企业原始投资，体现资本保全原则，采用加速折旧法是较为合适的。

第三节　固定资产需要量的预测

一、预测固定资产需要量的基本原则

1. 财会部门应会同有关部门对固定资产进行清查盘点，并根据国家规定的技术标准，

对固定资产进行鉴定，了解固定资产的新旧程度，掌握固定资产的使用情况以及固定资产的设计能力和现有生产能力。

2. 必须以生产任务为依据，结合市场需要来确定企业发展方向，然后加以规划。

3. 要坚持添置更新与挖掘改造相结合。

二、预测固定资产需要量的方法

1. 直接测定法。就是通过使企业预测期生产任务与各类固定资产生产能力相平衡来直接确定固定资产需要量的方法。

$$某项生产设备需要量=\frac{预测生产任务}{单台生产设备生产能力}$$

直接测定法的步骤和方法：

（1）测算预测年度的生产任务。

$$预测定额总台时数=\sum（预测产量\times单位产品定额台时）\times定额改进系数$$

$$定额改进系数=\frac{预测年度估计新定额台时}{现行定额台时}\times100\%$$

单位产品定额台时：是技术资料所规定的现行定额台时；

预计新定额：是预计年度改进后的定额；

定额改进系数：是预测新定额占现行定额的百分比。

【例 6－2】 某企业现行单位产品定额为 100 台时，预测年度采取措施后新定额可压缩至 96 台时。

$$定额改进系数=\frac{96}{100}\times100\%=96\%$$

（2）预测单台生产设备的生产能力。单台生产设备的生产能力是指单台设备所能生产某种产品的最大年产量，如果按实物计算，单台设备的生产能力就是单台设备的年产量。

$$单台生产设备的年产量=全年计划工作日数\times每日开工班次\times台班产量$$

如果用台时数表示，单台设备的生产能力就是单台设备全年的有效台时数。

$$单台生产设备的年产量=全年计划工作日数\times每日开工班次\times每台班工作台时数$$

（3）计算生产设备的需要量。

$$某生产设备的需要量=该设备的现有数量\times该设备的预测负荷系数$$

该设备的预测负荷系数是指某种设备生产能力的负荷程度，是计划任务需用定额总台时与设备全年有效台时的比率。

$$某种设备预测负荷系数=\frac{该种设备预测定额总台时}{该设备的全年有效台时}$$

$$某种设备全年的有效台时=该设备现有台数\times单台设备全年的有效台时$$

当设备负荷系数大于 1 时，表明该种设备不足；当负荷系数小于或等于 1 时，则表明该种设备能够满足生产的需要或有剩余。

（4）计算某种设备的余缺数量。

$$\begin{matrix}某种生产设备的\\多余或不足的数量\end{matrix}=\begin{matrix}某种生产设\\备现有数量\end{matrix}-\begin{matrix}某种生产设备\\预计需要量\end{matrix}$$

【例 6-3】 某企业有机床 60 台，全年制度工作日数为 254 天，维修保养停工天数 14 天，每天实行两班制，平均每班工作 7.5 小时，该企业计划生产甲产品、乙产品、丙产品各为 2 400 件、3 060 件、24 件，它们的单位产品台时定额分别为 60、50、80 机床的定额改进系数为 90%。

解析步骤如下：

（1）单台设备的生产能力。

单台设备全年有效台时 =（254 - 14）×7.5 ×2 = 3 600

该设备全年有效台时总数 = 60 ×3 600 = 216 000

（2）预测年度生产任务。

预测定额总台时 =（2 400 ×60 + 3 060 ×50 + 24 ×80） ×90% = 269 028

（3）设备需要量。

①预测设备需要量 = 269 028 ÷3 600 = 74.73 台，设备的需要量为 75 台。

②用设备负荷系数计算：

设备负荷系数 = 269 028 ÷216 000 = 12 455

设备需要量 = 60 ×1.2455 = 74.73 台，设备需要量为 75 台。

余缺数量 = 60 - 75 = -15（台）

2. 产值资产率法。产值资产率法就是以预测年度前的某一正常生产年度按不变价值计算的产值固定资产率来综合测算固定资产需要量。适用于生产条件和生产任务多变的企业。

$$\text{固定资产需求量} = \text{预测年度的工业总产值（不变价格）} \times \text{正常年度的产值固定资产率} \times \left(1 - \text{预测年度产值固定资产率提高的百分比}\right)$$

$$\text{正常产值固定资产率} = \frac{\text{正常年度固定资产平均总值}}{\text{正常年度实际工业总产值}}$$

采用这种方法，工作量小，方法简单，容易掌握，但结果不够准确，有时候误差较大。

习　题

一、单项选择题

1. A 企业 2003 年 12 月购入一项固定资产，原价为 600 万元，采用年限平均法计提折旧，使用寿命为 10 年，预计净残值为零，2007 年 1 月该企业对该项固定资产的某一主要部件进行更换，发生支出合计 400 万元，符合固定资产确认条件，被更换的部件的原价为 300 万元。则对该项固定资产进行更换后的原价为（　　）万元。

A. 210　　B. 1 000　　C. 820　　D. 610

2. A 公司 2006 年 6 月 19 日购入设备一台，取得的增值税专用发票上注明的设备买价为 180 万元，增值税额为 30.6 万元，支付的运输费为 1 万元，预计净残值为 1.6 万元，预计使用年限为 6 年，在采用年数总和法计提折旧的情况下，该设备 2007 年应提折旧额为（　　）万元。

A. 65　　B. 60　　C. 55　　D. 50

3. A 公司的一台机器设备采用工作量法计提折旧。原价为 153 万元，预计生产产品产量为 450 万件，预计净残值率为 3%，本月生产产品 7.65 万件。则该台机器设备的月折旧额为（　）万元。

A. 2.67903　　B. 2.62959　　C. 2.52297　　D. 2.522835

4. 某企业 2006 年 6 月期初固定资产原值 10 500 万元。6 月增加了一项固定资产入账价值为 750 万元；同时 6 月减少了固定资产原值 150 万元；则 6 月份该企业应提折旧的固定资产原值为（　）万元。

A. 11 100　　B. 10 650　　C. 10 500　　D. 10 350

5. 甲公司的注册资本为 150 万元。2003 年 6 月 25 日，甲公司接受乙公司以一台设备进行投资。该台设备的原价为 84 万元，已计提折旧 24.93 万元，投资各方经协商确认的价值为 45 万元，公允价值为 40 万元。占甲公司注册资本的 30%。假定不考虑其他相关税费，甲公司的固定资产入账价值为（　）万元。

A. 40　　B. 84　　C. 49.07　　D. 45

二、多项选择题

1. 根据《企业会计准则第 4 号——固定资产》规定，应通过"固定资产"会计科目核算的内容包括（　）。

A. 企业（航空）的高价周转件

B. 企业以经营租赁方式租入的固定资产发生的改良支出

C. 企业购置计算机硬件所附带的、未单独计价的软件

D. 企业为开发新产品、新技术购置的符合固定资产定义和确认条件的设备

E. 采用成本模式计量的已出租的建筑物

2. 下列固定资产应计提折旧的有（　）。

A. 融资租入的固定资产　　B. 按规定单独估价作为固定资产入账的土地

C. 大修理停用的固定资产　　D. 持有待售的固定资产

3. 下列固定资产应计提折旧的有（　）。

A. 已全额计提折旧的固定资产　　B. 融资租入的固定资产

C. 闲置不需用的机器　　D. 待售的固定资产

E. 以经营租赁方式租入的设备

4. 下列哪些属于折旧政策对企业财务的影响。（　）

A. 对企业筹资的影响　　B. 对企业投资的影响

C. 对分配的影响　　D. 对收入的影响

三、判断题

1. 对于构成固定资产的各组成部分，如果各自具有不同的使用寿命或者以不同的方式为企业提供经济利益，企业应将各组成部分单独确认为固定资产，并且采用不同的折旧率或者折旧方法计提折旧。（　）

2. 企业购置的环保设备和安全设备等资产，由于它们的使用不能直接为企业带来经济

利益，所以企业不应将其确认为固定资产。（ ）

3. 在不考虑计提固定资产减值准备的情况下，某项固定资产期满报废时，无论采用年限平均法，还是采用加速折旧法，其累计折旧额一定等于该项固定资产应计提折旧总额。（ ）

四、计算分析题

1. 甲公司为一般纳税企业，适用增值税率为17%。2001年2月购入设备一台，价款380万元，增值税64.60万元，运杂费3.75万元，立即投入安装。安装中领用工程物资22.40万元；领用原材料的实际成本为5万元；领用库存商品（应税消费品）的实际成本为18万元，市场售价20万元（不含税），消费税税率10%。安装完毕投入使用，该设备预计使用5年，预计净残值为20万元。

要求：（1）计算安装完毕投入使用固定资产成本。

（2）假定2001年4月10日安装完毕并交付使用，采用平均年限法计算2001年、2002年和2006年年折旧额。

（3）假定2001年9月10日安装完毕并交付使用，采用年数总和法计算2001年、2002年和2006年年折旧额。

（4）假定2001年12月10日安装完毕并交付使用，采用双倍余额递减法计算2002—2006年年折旧额。

（5）假定2001年3月10日安装完毕并交付使用，采用双倍余额递减法计算2001—2006年年折旧额。

2. 某企业现有冲床332台，铣床280台，全年制度工作日为250天，维修保养停工为10天，实行每天两班制，平均每班7.5小时，该企业下年度计划生产甲、乙、丙三种产品，计划产量及有关指标见表6－1：

表6－1

产品名称	甲产品	乙产品	丙产品	计划年度定额改进系数
计划产量	5 000件	4 000件	3 500件	
设备名称	单位产品定额工时			
冲床	120	100	90	90%
铣床	110	90	80	95%

要求：（1）计算单台设备的生产能力。

（2）计划年度生产任务定额台时总数。

（3）现有设备有效台时总数。

（4）预测冲床和铣床的负荷系数。

（5）预测冲床和铣床的需要量。

第7章

收入利润管理

学习目标： □ 掌握收入的含义及其预测方法

□ 了解利润的构成

□ 掌握利润预测的基本方法

□ 掌握利润分配的基本程序及财务控制

第一节 收入管理

广义的企业收入是指企业因销售商品、提供劳务、转让资产使用权所取得的各种收入的总称。由于销售收入应当是企业收入的主体，故本节所指收入主要指销售收入（或营业收入），即企业在日常经营活动中，由于销售产品、提供劳务等所形成的收入。

一、销售收入管理概述

（一）销售收入的含义

企业销售收入，主要是指销售产品或者提供劳务等取得的货币收入。它包括两部分：(1) 产品销售收入，指企业销售产成品、自制半成品、代制代修品以及提供工业性劳务等取得的收入。从销售对象来看，产品销售收入不仅包括企业对外单位销售产品所取得的收入，也包括企业对本企业内部建设单位、非生产部门销售产品取得的收入。(2) 其他销售收入，指企业销售外购商品、多余材料和提供运输等非工业性劳务以及固定资产出租、包装物出租、无形资产转让等取得的收入。在全部销售收入中，产品销售收入是最主要的组成部分，占有较大的比重，直接影响着企业的经济效益。

（二）销售收入管理的意义

销售收入是企业生产成果的货币表现，也是一项重要的财务指标。有计划地组织产品销售，及时取得销售收入，加强销售收入管理，对于企业和整个国民经济都有重要意义。

1. 及时取得销售收入是补偿耗费、持续经营的基本前提。随着社会主义市场经济的建立，企业逐渐走向市场，成为适应市场要求、依法自主经营、自负盈亏、自我发展、自我约束的商品生产者和经营单位。企业只有面向市场，尽快地把生产出来的产品销售出去，取得销售收入，才能补偿生产资料的耗费，支付工资和各项费用，保证再生产过程连续不断地进行。

2. 及时取得销售收入，是加速资金周转、提高资金利用效果的重要环节。从资金周转与循环来看，销售产品表现为成品资金转化为货币资金，是资金周转循环的前一过程的结束，后一过程的继起，所以，企业销售产品越快，实现销售收入越多，意味着资金周转越快，从而能够做到以尽量少的资金占用完成尽可能多的生产和销售任务。

3. 及时取得销售收入，是及时实现利润、分配利润的必要条件，只有取得销售收入，才能实现盈利，也才能及时、足额地缴纳税金，偿还借款，依法分配利润，从而增强国家财力和企业活力。因此，所有企业都必须认真地组织产品销售，搞好销售收入管理，并不断开辟增收的途径，使企业的收入能够稳定增长。

二、销售收入的预测

产品销售收入的预测，是编制销售收入计划的准备阶段。它是根据过去销售情况，结合对市场未来需求的调查，对计划期产品销售收入所进行的预计和测算。产品销售收入的预测方法，主要有以下几种：

（一）时间序列法

这种方法按照时间的顺序，通过对过去几期实际数据的计算分析，确定计划期产品销售收入的预测值。可分为历史同期（季）平均法、滚动（或加权滚动）平均法和基数加平均变动趋势法。生产和销售带有季节性的企业一般用历史同期（季）平均法。例如，预测计划年度第三季度的销售量，即可取前几年第三季度实际销售量的平均数作为预测值。产销比较均衡或产销逐渐上升的企业，通常取前几年的数字为基准，采用滚动（或加权滚动）平均法。例如，预测 2004 年的销售量，即可取 2000—2003 年的实际销售量平均数，或根据不同年份实际数据对计划期销售量的影响程度给予不同的权数，然后求出加权平均数，作为计划年度销售量的预测值。其计算公式为：

$$\text{计划期预测销售量} = \frac{\sum(\text{各时期实际销售量} \times \text{各该时期的权数})}{\sum \text{权数}}$$

基数加平均变动趋势法与加权滚动平均法相似，所不同的是，这种方法以基年度的实际销售量为基数，加上前几年的实际平均变动趋势（平均每年增加的销售量），求得计划年度预测销售量。

【例 7－1】 2011 年实际销售为 1 000 万元，2008—2011 年四年中，平均每年增长销售量为 200 万元，则 2012 年预测销售量是多少？

2012 年预测销售量 = 1 000 + 200 = 1 200（万元）

（二）因果（相关）分析法

这种方法利用事物内部发展因果关系，并着重研究影响事物发展变化外因的作用，来预测计划期事物发展变化的趋势。其基本公式是：$y = a + bx$

式中，y 是预测值；x 是相关因素值；a 是特定常数；b 是预测对象实际值与相关因素值的内在比例。一般适用于销售量直线上升的企业。

例如，家具的销售额，除一般家庭需要适当添置或更新家具外，主要是新婚夫妇成套购买家具。因此，新婚人数的多少，便成为影响家具销售额变动的一个重要的相关因素。假设某家具厂按历年统计资料计算，每年销售家具一般为 210 万元，其中新婚夫妇购买家具为 140 万元。经市场调查分析，明年新婚人数预计可达 1 500 对，按每对新婚者平均购买 1 000 元家具计算，该厂明年家具预测销售额为：$70+0.1\times1\ 500=220$（万元）

（三）本量利分析法

这种方法在成本划分为变动成本和固定成本的基础上，根据销售成本、销售量与利润三者之间的内在联系，假定已知其中两个因素来推测另一个因素，以寻求最佳方案。这种方法既可以用来预测销售量，也可以用来预测成本和利润。下面说明运用此法预测销售量和销售收入的具体测算过程。

1. 保本点销售量和销售收入的预测。所谓保本点销售量，是指企业刚好能够收回成本和缴纳税金时的销售量，这时既无利润，也不亏本。掌握这一保本点可以促进企业有计划地组织生产和销售，这对处于亏损边缘的企业尤为重要。保本点销售量和销售收入的计算公式如下：

$$保本点销售量=\frac{固定成本总额}{单位售价-单位税金-单位变动成本}$$

$$或=\frac{固定成本总额}{单位售价\times(1-税率)-单位变动成本}$$

$$保本点销售收入=\frac{固定成本总额}{1-税率-\dfrac{单位产品变动成本}{单位售价}}$$

【例 7－2】 某企业生产某种产品，单位售价为 1 200 元，单位变动成本为 720 元，消费税税率为 15%，固定成本总额为 30 万元，则可计算如下：

$$保本点销售量=\frac{300\ 000}{1\ 200\times(1-15\%)-720}=1\ 000(件)$$

$$保本点销售收入=\frac{300\ 000}{1-15\%-\dfrac{720}{1\ 200}}=1\ 200\ 000(元)$$

计算结果表明，当某种产品销售量为 1 000 件或销售收入为 120 万元时，企业就可以保本，既无利润，也不亏损。

2. 实现目标利润销售量和销售收入的预测。保本经营只是对企业的起码要求，在这个前提下，还应该争取盈利。所以，在保本点预测的基础上，还要进一步测算出能够实现目标利润的销售量和销售收入，实现目标利润的销售量和销售收入，只需在保本点销售量和销售收入的计算公式分子部分，加进目标利润额，即可求得。

其计算公式如下：

$$实现目标利润销售量=\frac{固定成本总额+目标利润额}{单位售价\times(1-税率)-单位变动成本}$$

$$实现目标利润销售收入=\frac{固定成本总额+目标利润额}{1-税率-\dfrac{单位产品变动成本}{单位售价}}$$

【例 7-3】 承前例所举资料，假定该厂计划年度目标利润为 45 万元，则可计算如下：

$$实现目标利润销售量 = \frac{300\ 000 + 450\ 000}{1\ 200 \times (1 - 15\%) - 720} = 2\ 500(件)$$

$$实现目标利润销售 = \frac{300\ 000 + 450\ 000}{1 - 15\% - \frac{720}{1\ 200}} = 3\ 000\ 000(元)$$

三、销售收入的日常管理

为了实现销售收入计划，保证企业生产经营资金的需要和及时缴纳国家税收，必须加强销售收入的日常管理。这项工作由企业销售部门和财务部门共同负责。

（一）认真执行销售合同，监督发出商品计划的编制和执行

1. 认真签订和执行销售合同。
2. 企业销售部门应当根据销售合同的要求，编制季度和月份，发出商品计划。
3. 切实执行发出商品计划。

（二）及时办理结算，尽快取得销售货款

销售货款的结算一般由财务部门统一办理。产品发运以后，财务部门应立即通过银行与购货单位进行结算，取得货款。在采用托收承付结算方式时，财务部门要在银行规定的期限内办理托收手续，取得结算借款；同时，还要根据预计的货款划回日期，监督购货单位按时支付货款。如果未能按期收回货款，即应向银行查询，并和销售部门密切配合，采取各种办法与购货单位联系，分别情况积极进行清理，以免造成长期拖欠。对于不遵守支付纪律的购货单位，应按照合同的规定，要求赔偿经济损失，并可以征得银行同意，改用其他结算方式，保障货款及时收回。如因本企业的过失造成部分或全部拒付，也应查明原因，分清责任，严肃处理。当产品质量差、数量短缺而需要降价或减少销售收入时，财务部门要认真审查，并经有关领导批准后方可实行，要防止随意削价或减收货款。

（三）搞好售后服务，掌握市场反馈的信息

在我国，企业不仅要以物美价廉的产品提供给消费者，而且必须对用户负责，搞好售后服务工作。认真搞好售后服务，有助于提高企业信誉，增强竞争能力，扩大产品销售，增加企业盈利。

第二节　利润的构成及管理

利润是企业的最终财务成果，追求更多的利润是企业生产经营的目的。对利润的形成、分配和日常管理，就成为企业理财一项重要的工作内容。为此，本章专门论述了利润和利润分配的管理，包括利润的概念和构成、利润预测，对影响利润构成项目的内容进行的分析和利润计划的编制。掌握这些内容，对从事财务管理的实际工作有重要的意义。

一、利润的构成

利润是指一定会计期间的经营成果。利润包括收入减去费用后的净额、直接计入当期利润的利得和损失等，它是企业最终的财务成果。利得是由企业非日常活动所发生的会导致所有者权益增加的，与所有者投入资本无关的经济利益的流入；损失是指由企业非日常活动所发生的会导致所有者权益减少的，与向所有者分配利润无关的经济利益的流出。利润是衡量企业生产经营状况的一个重要综合指标。企业生产经营活动的主要目的就是不断地提高盈利水平，一方面为国家提供积累资金，保证社会扩大再生产的正常运行，促进国民经济的迅速发展；另一方面企业只有最大限度地获取利润，才能在市场中生存和发展。因此，企业利润水平的高低不仅反映企业盈利能力，而且反映企业在市场中的生存和竞争能力。

利润作为企业最终的财务成果，就其构成来看，既有通过对内投资进行生产经营而获得的利润，也有通过对外投资活动而获得的投资收益，还有与生产经营无直接关系的事项所引起的盈亏。从组成上看，企业的利润总额主要由营业利润和营业外收支净额组成。用公式表示如下：

利润总额 = 营业利润 + 营业外收入 − 营业外支出

（一）营业利润

营业利润是指企业在一定会计期间内从事生产经营活动所获取的利润，是企业利润总额的主要来源，它决定着企业经营最终是盈利还是亏损。其计算公式为：

营业利润 = 营业收入 − 营业成本 − 营业税金及附加 − 销售费用 − 管理费用
− 财务费用 − 资产减值损失 + 公允价值变动收益 + 投资收益

1. 营业收入。营业收入包括主营业务收入和其他业务收入。

2. 营业成本。营业成本包括主营业务成本和其他业务成本。

3. 营业税金及附加。营业税金及附加是指企业经营活动发生的营业税、消费税、城市维护建设税、资源税和教育费附加等相关税费。

4. 期间费用。期间费用是指企业当期发生的不能计入当期损益的各项费用，包括销售费用、管理费用和财务费用。

销售费用是指企业在销售产品过程中发生的费用，如广告费、包装费、运输费、保险费、展览费、专设销售机构的经费等，同时也包括商品流通企业购买商品过程中所发生的进货费用、运输费、装卸费、包装费、保险费、运输途中的合理损耗等。

管理费用是指企业为组织和管理企业生产经营所发生的管理费用，包括企业的董事会和行政管理部门在企业的经营管理中发生的，或者应当由企业统一负担的公司经费（包括行政管理部门职工工资、修理费、物料消耗、低值易耗品摊销、办公费和差旅费）、工会经费、待业保险费、劳动保险费、董事会费、聘请中介机构费、咨询费（含顾问费）、诉讼费、业务招待费、房产税、车船使用税、土地使用税、印花税、技术转让费、矿产资源补偿费、无形资产摊销、职工教育经费、研究与开发费、排污费、存货盘亏或盘盈（不包括应计入营业外支出的存货损失）、计提减值准备等。

财务费用是指企业为筹集生产经营所需资金等所发生的费用，包括应当作为期间费用利息支出（减利息收入）、汇兑损失（减汇兑收益），以及相关的手续费用等。

5. 资产减值损失。资产减值损失是指企业各项资产发生的减值损失，包括应收账款、存货、固定资产、无形资产等减值损失。

6. 公允价值变动收益。公允价值变动收益是指按照规定应当计入当期损益的资产或负债公允价值变动净收益，如交易性金融资产当期公允价值变动额。

7. 投资收益。投资收益是指企业以各种方式对外投资所取得的收益。

（二）营业外收入和营业外支出

营业外收入是相对于企业的销售收入而言，是指企业发生的与其生产经营活动无直接关系的各项收入，包括固定资产盘盈、处置固定资产净收益、非货币性交易收益、出售无形资产收益、罚款净收入及教育费附加返还款等。

营业外支出是相对于企业经营性耗费支出而言，是指企业发生的与其生产经营活动无关系的各项支出，包括固定资产盘亏、处置固定资产净损失、出售无形资产损失、非常损失、罚款支出、债务重组损失、捐赠支出、计提资产减值准备等。

二、利润的管理要求

（一）提供优质产品和服务，不断提高盈利水平

在市场经济条件下，企业的一切经营活动都围绕着经济效益进行，实现利润最大化。企业应该在法律允许的范围内，通过不断增加产品数量、品种，提高产品质量，降低生产成本和费用及加速资金周转等正确途径，参与市场竞争，为社会提供优质的产品和劳务服务。

（二）实现利润目标分管责任制，保证目标利润的实现

企业应以目标利润为核心，层层落实目标管理责任制。要把企业的总体目标利润分解到各个科室、车间、班组和相关个人，实行利润指标如未完成则需承担相应的责任，以及完成或超额完成利润指标应获得奖励，使人人关心利润，为创造利润献计献策，最大程度地调动职工的积极性，保证目标利润的实现。

（三）严格执行有关法律、法规，正确进行利润分配

利润分配是一项政策性很强的工作，企业应按照国家有关法律、法规，正确计算财务成果，必须按照费用配比原则正确计算并结转产品成本，以权责发生制原则正确转销、分摊、预提各种费用，及计算利得和损失；并以谨慎性原则按照会计准则规定计提资产减值准备。企业应该正确如实地核算利润总额，不得隐瞒或虚报利润。企业实现的利润要依照国家税务法律规定，计算并上缴所得税额，并对结转所得税后的净利润，按《公司法》及财经法律、法规规定比例等进行分配。

第三节　利润预测的基本方法

利润预测是指企业在销售收入预测的基础上，对企业未来时期的利润情况预先进行的科学估计和测算。在实际工作中，企业要对一定时期的发展状况和影响企业利润变动的各个因素进行分析与研究，进而对企业在未来期间可能实现的利润预测数进行估计和测算。准确的利润预测有利于保证企业目标利润的实现，它是企业编制利润计划的前提，是企业经营决策和确定目标利润的重要依据。

目标利润是指企业在计划期间努力能够达到的利润额，是企业计划期生产经营活动综合效益的集中体现。目标利润是通过利润预测来确定的，是利润预测的核心步骤。

利润预测的方法很多，但每种方法都有一定的局限性。因此，在实际工作中企业应根据具体情况，选择适当的方法。下面介绍最常用的几种测算方法。

一、本量利分析法

本量利分析法是根据商品销量、成本、利润之间的依存关系进行利润预测的方法。我们知道，在成本中，单位变动成本不变，但是变动成本总额则随销售量的增减呈正比例变动；固定成本总额在一定产量范围内则保持相对不变。根据这种关系，预计目标销售利润的计算公式为：

预计目标销售利润 = 预计销售数量 ×（预计单位销售价格 − 预计单位变动成本 − 单位销售税金）− 固定成本总额

在运用上述公式时，为便于理解，可以暂时不考虑销售税金。

【例 7－4】 某生产企业生产一批甲产品，经市场调研后结合本企业技术生产能力，预计年度销售量为 3 000 台，单位售价 0.86 万元，单位变动成本 0.62 万元，该产品应负担的固定成本总额 380 万元，则该企业甲产品的目标销售利润计算如下：

甲产品目标销售利润 = 3 000 ×（0.86 − 0.62）− 380 = 340（万元）

如果预测多种产品的目标销售利润，可利用上式分别测算各种产品的销售利润，然后加以汇总。如果多种产品的固定成本是合在一起的，则计算公式如下：

预计目标销售利润 = $\sum$［预计某产品销售数量 ×（预计单位销售价格 − 预计该产品单位制造成本）］− 预计期间费用

【例 7－5】 某企业生产电器销售甲产品和乙产品两种产品，有关产品销售资料如表 7－1所示。

表 7－1

产品名称	单位售价	单位制造成本	销售数量	期间费用
甲产品	115	50	4 000	88 000
乙产品	180	75	5 000	

根据以上公式和资料，可预计甲、乙两种品种产品，预计目标销售利润如下：

预计甲、乙产品目标销售利润 =［4 000 ×（115 − 50）+ 5 000 ×（180 − 75）］− 88 000
= 697 000（元）

二、比例测算法

比例测算法是指根据利润同有关财务指标比例关系来测算计划期目标利润数额的方法。

常用的比例关系有销售利润率、成本利润率等。

1. 销售利润率法。销售利润率是指利润与主营业务净收入的比值。采用这种方法测算利润，要求主营业务收入的预测已完成而且较为准确，销售利润率指标较稳定。这样，才能正确反映企业未来的经营趋势。主营业务收入预测的正确与否，对编制财务计划至关重要。因为预计的财务报表中许多变量都与主营业务收入有关。其计算公式为：

预计营业目标利润 = 预计计划期营业净收入 × 上年销售利润率

主营业务净收入 = 主营业务收入 − 销售折扣 − 销售折让 − 销售退回净额

【例 7－6】 某生产企业从 2009—2011 年销售利润率一直平稳，保持在 12% 的水平上。经市场调研，预测该企业在 2012 年主营业务收入可达到 2 630 万元。则该企业 2012 年的主营业务目标利润测算如下：

目标利润 = 2 360 × 12% = 315.6（万元）

2. 成本利润率法。成本利润率是指利润与成本的比值。采用这种方法可对不可比产品的主营业务利润进行测算。它包括计划期不可比产品主营业务成本总额与不可比产品应销比例与不可比产品预计成本利润率的乘积。其计算公式为：

不可比产品的主营业务利润 = 计划期不可比产品主营业务成本总额 × 不可比产品应销比例 × 不可比产品预计成本利润率

其中，不可比产品应销比例是指不可比产品销售量占生产量的比例。

【例 7－7】 某企业为了扩大企业经营项目，经调研后计划生产一批 D 产品，计划生产成本总额 60 万元，预计应销比例 96%，预计成本利润率为 20%，则该企业计划年度不可比 D 产品主营业务目标利润测算如下：

不可比 D 产品主营业务目标利润 = 60 × 96% × 20% = 11.52（万元）

三、因素分析法

因素分析法是以上期的主营业务利润为基础，根据计划期间影响主营业务目标利润的各项因素，来测算计划目标利润额的方法。其计算公式为：

主营业务目标利润 = 上期产品销售利润 ± 计划期各种因素变动而增加或减少的利润

利用因素分析法进行计划期主营业务目标利润预测时，首先应对各种影响因素进行测算。这些因素有的是外部因素，如产品销售量和销售价格；也有内部因素，如单位变动成本和固定成本的变化等。然后将各种因素的影响结果加以汇总，便可测算出对目标利润的影响结果。在所涉及的影响因素中，销售量和销售价格的提高会使目标利润增加，单位变动成本和固定成本的增加会使目标利润减少。

利得和损失（营业外收支）的净额在利润总额中的比例一般较小，所以在对其进行预测时可以采用一些比较简便的方法。例如，可以按上期实际发生额的增减变化进行适当调整，作为计划期的预测数。

第四节 利润分配

一、利润分配的原则与程序

利润分配是指将企业一定时期实现的净利润（包括以前年度未分配的利润），按照国家有关法律、法规、制度以及和企业董事会的决议，向国家、投资者和企业利益相关者进行分配的过程。企业的利润分配关系到国家能否足额征收所得税、投资人的合法权益是否得到保护，还关系到企业能否长期、稳定地发展。因此，利润分配是企业一项重要的理财活动。

（一）利润分配的原则

1. 遵守国家法律，履行社会责任。企业必须严格遵守国家法律法规及企业的规章制度，按规定的分配程序和比例进行分配。首先弥补企业以前年度的亏损；企业以前年度的亏损尚未弥补完，不得提取法定盈余公积金；在未提取法定盈余公积金之前，不得向投资者支付股利和利润；支付股利的顺序必须是先支付优先股股利后，再支付普通股股利。

2. 分配与积累并重的原则。企业可用于向投资者分配的利润比例的多少，应依企业经营现状及发展目标而确定。一般按法定比例提留的盈余公积金，体现的是积累优先的原则，一方面可以满足企业维持和扩大生产经营活动的资金需要，保持或提高企业在市场竞争中获利的能力；另一方面可以保证企业有足够的资金用于偿还债务，保护债权人的权益，从而增强企业抵抗风险的能力，并提高企业生产经营的安全系数和稳定性。

3. 兼顾各方利益的原则。税后利润分配合理与否直接关系到企业投资者、经营者和内部职工的切身利益。投资者作为资本的投入者，是企业所有者并依其出资比例享有利益分配权，净利润归投资者所有，是企业的基本制度。在利润分配中，既要考虑国家利益，又要考虑企业的自身发展，还要维护投资者的合法权益，更要保障职工的切身利益。

4. 投资与获利对等原则。企业税后利润按法定程序比例提取法定盈余公积金之后，要为投资者分配利润，本着“谁投资、谁受益”，权力平等的原则，按投资者的投资比例分配股利。企业投资者在企业中按照股权比例享有合法的权益。企业的经营获利情况应当如实向所有者、投资者公开，企业分配方案应交股东大会讨论，由股东大会最高权力机构决定，并充分尊重小股东意见，利润分配方式应在所有股东之间一视同仁。

（二）利润分配程序

企业在生产经营过程中获得的利润，一般按照下列程序进行分配：

1. 企业取得的利润总额应当按照国家规定作相应的调整，然后按照税法缴纳所得税。

2. 企业缴纳所得税后的利润一般按照下列顺序进行分配：

（1）被没收的财产损失，支付各项税收的滞纳金和罚款。

（2）弥补企业以前年度的年度亏损。《企业财务通则》规定，企业发生的年度亏损，可以用下一年度的税前利润等弥补，下一年度利润不足弥补的，可以在5年内延续弥补。5年内不足弥补的，可以用企业的税后利润等弥补。

（3）提取法定盈余公积金。可以在企业税后利润扣除前两项后的10%提取，盈余公积金已达到注册资金50%时不可再提取。法定公积金可以用于转增资本金等，但转增资本金后，企业法定盈余公积金一般不得低于注册资金的25%。

（4）向投资者分配利润。企业以前年度的未分配利润，可以并入本年度向投资者分配。当年无利润时，不能分配利润，但在用盈余公积金弥补亏损后，经股东会特别决定，可以按照不超过股票面值6%的比率用盈余公积金分配股利，在分配股利后，企业法定盈余公积金不得低于注册资金的25%。利润分配程序见图7-1。

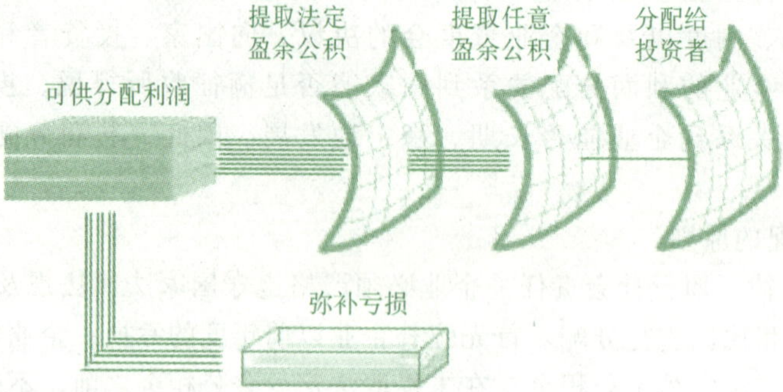

图7-1 利润分配程序

二、利润分配的政策

（一）利润分配政策概念

利润分配政策是指企业管理当局对利润分配中有关事项制定的方针政策。主要内容是对企业投资者分配的方法和比例。

由于税法的强制性与严肃性，对于利润分配政策实质上就是所得税后净利润分配政策。就股份制企业而言，就是股利政策。

股份公司盈利后，其税后净利润中，按法定程序提取法定盈余公积金、任意盈余公积金及向股东分配普通股股利，这是财务决策中十分重要的问题。如果企业用高利率以现金方式分配，肯定要提高企业的股票价格，吸引更多的投资者，从而获得资本收益。然而，股利分配多了，必然使股份公司的留存收益减少，一旦发生资金短缺会使公司的生产发展受到不利影响。因此，需要企业精心策划，反复研究，充分考虑各方的利益，处理好企业与投资者的当前利益与长远利益。

（二）影响利润分配政策的因素

1. 法律约束因素。企业是在一定的法律环境下，从事日常经营活动。为了保护债权人和投资人的利益，国家法律对企业的投资利润分配等给予一定硬性限制，这些限制主要表现在以下几个方面：

（1）资本保全约束。规定公司绝不能因支付股利而减少资本（包括股本、资本公积金）。企业发放的股利只能来源于当年实现的净利润或留存收益。当年亏损的一般不得分配利润。

（2）资本积累约束。公司税后净利润必须依照国家法律、法规规定程序进行分配，如先弥补企业前年亏损、提取法定盈余公积金之前，不得向股东分配股利，在支付普通股之前必须先提取任意盈余公积金。

（3）超额累积利润约束。对于股份公司而言，由于投资者接受红利缴纳的所得税要高于股票交易的资本利得所缴纳的税金，因此许多企业可以通过积累利润使股价上涨的方式来帮助股东避税。西方许多国家已注意到这一点，并在法律上明确规定，企业不得超额外税款。我国法律目前对此项尚未作出限定。

2. 公司自身因素。公司出于长期发展与短期经营的需要综合考虑以下因素：

（1）盈余稳定状况。公司盈余是影响股利分配政策的首要因素。盈余相对稳定的企业对未来取得盈余的可能性预期值较高，这是因为盈利稳定的公司经营风险和财务风险较低，比盈利不稳定的公司更能以较低的成本筹集资金。盈余不稳的企业由于对未来盈余把握小，不敢贸然采取高股利政策，而较多采取低股利支付率政策，持续增长的企业可采取高股利或增长的股利政策；盈余变动大的企业可采用正常股利加额外股利政策。

（2）资产流动性。较多的分配利润会减少企业现金持有量，使资产的流动性降低，而保持一定资产流动性是企业经营和发展的必备条件。若公司资产流动性差，则不易分配过多的现金股利。

（3）筹资能力约束。公司筹资能力的强弱直接影响其股利分配政策。一般来说，企业的规模大，则筹资实力较强。企业小则不能采用高股利政策，而新企业或外部筹资实力小的企业应采用多留股利政策。将利润分配用于再投资，有利于降低筹资的外部成本。

（4）投资机会约束。企业未来一定时期内的投资机会在很大程度上影响公司的股利分配政策。当未来的投资多，且预期投资收益用于再投资时，采用低股利政策。若缺少投资机会可适当少留存利润，采用高股利政策。

（5）资金成本。留存收益作为内部筹资的方式与其他筹资方式如发行新股举债等相比，无需支付费用，且资金成本低于普通股，因此公司的股利分配政策也影响到其资本结构和资金成本。很多企业考虑留存收益分配股利时，首先将企业的留存收益作为筹资的第一选择渠道，特别是在负债较多、资金结构欠佳的时期。

3. 股东因素。是指投资者出于追求财富的最大化、维持控制权以及税负和收益等方面，使得企业在股利分配时要受到如下因素的影响：

（1）稳定的收入。股东是公司的所有者，其投资目的是取得投资收益，包括股利和资本利得。不同的股东投资目的不同。一些依靠股利生活的股东会要求公司支付稳定的股利，反对公司留存收益过多。

（2）规避税负。一些高收入的股东出于避税的考虑而限制股利的支付，因为按照我国现行税法规定，股息、红利要征收 20% 的个人所得税，而对股票的转让只收取少量的印花税和手续费，因此这些股东会更多考虑企业多留存收益。

（3）股利的控制。公司的股利支付率高，必然导致企业留存收益少，这也意味着将来发行新股的可能性加大。由于老股东感到拿不出许多资金购买新股，会使得自己持有的老股比例少，如果公司的控股股东没有或者不能认购新股则他们的控制权被降低的可能性也就加大。因此这些股东常常选择不发股票或少发股利的政策，以此保证原有的控制权。

（三）利润分配政策

企业在确定利润分配政策时，要充分考虑上述影响利润分配的各种因素，根据企业的实际情况，权衡利弊，从优选择。一般来说，分配政策主要有以下几种：

1. 剩余政策。是指企业面临良好的投资机会时，先将税后可分配的利润作为内部融资，在满足企业最佳资本结构所需资金数额后，剩余部分才向股东分配股利的政策。这种政策主要考虑企业投资需要、满足企业发展的需要，适合在有良好的投资项目时采用。但是，由于每年的股利支付额受到公司盈利水平和未来投资机会的双重约束，很可能股利支付额不稳定，不利于追求稳定收入的股东收益。

2. 固定股利支付率政策。股利支付率是指每股股利占每股盈利的比例。这种政策主张公司在税后以可分利润的某一固定比例作为股利支付给股东，或每年公司确定一个固定比例，支付股东股利。采用这种股利政策可以使企业与股东的利益紧密结合，充分体现股利多则多分、少则少分的原则。随着企业盈利水平的高低而波动，股票的价格也会因此而上下起伏。因此这种政策适合于盈利大、情况较稳定的企业。

3. 固定股利政策。是主张公司将每年支付的股利数额固定在一个相同水平上，并在较长时期内保持不变。采用这种股利政策，有利于向市场传递公司正常发展的信息，树立公司良好的形象，增强投资者对公司投资信心，稳定公司的股票价格；有利于依赖股利生活的股东。但这种政策对公司而言，使公司在股利支付与盈利上相脱节，会造成公司资金短缺，导致财务状况恶化，甚至威胁企业的留存收益或资本金。因此，采用这种政策时要充分考虑企业的长远发展趋势，股利不宜过高，应留下发展空间。

4. 固定股利加额外股利政策。是指公司将股利分配政策制定在一个相对较低的水平上的固定股利，在净利润增长较高的年度，再在原固定股利基础上支付额外的股利。这种股利分配政策是结合了多种分配政策的优点演变而成的。采用这种政策既能使股东得到稳定的股利，又不过大增加企业的财务压力，在企业盈利增长时可适度增发股利，从而增加股东对公司的信心，稳定股票价格。这种政策被许多股份有限公司所采用。

上述股利分配的基本政策主要是针对现金股利分配政策，在具体运用股利政策的时候还要辅之其他的股利分配形式。

（四）股利发放形式及支付

在企业决定发放股利后，还应作出以何种形式发放股利的决策。股利的支付形式有现金股利和股票股利两种。

1. 现金股利。现金股利是指以现金的形式发放给股东的股利。这是最常用的股利分派形式和最易被股东接受的股利分配方式，而且公司发放现金股利的多少，直接影响股票的价格，并间接影响着筹资能力。现金股利发放时除了要有足够的留存收益外，还必须有足够的现金，如果企业的盈利大部分都表现为非现金资产，那么分派现金股利就要受到限制。

2. 股票股利。股票股利是企业将应分给股东的股利以股票的形式发放，通常是按现有股东持有股份的比例分派，与现金股利不同，发放股票股利仅是将公司的税后利润资本化，并不会导致公司现金支出的增加，是一种能有效降低现金流出的股利支付方式，增强了企业的财务实力，有利于企业的发展。

3. 股利支付。股份公司必须按照法定的程序分配股利，通常是由董事长提出分配方案，然后提交股东大会决议，通过批准后，由企业正式实施并向股东宣布发放股利的方案，确定股权登记日、除息日和股利发放日。

（1）宣告日，即董事会宣告分派股利的当天，由于企业宣告分派股利即产生了向股东支付股利的义务，所以在宣告日，企业就要将此项股利作为负债予以记录。

（2）股权登记日。即宣告分派股利后，企业规定股东为获取此次股利而办理过户登记手续的最后日期，股票过户是办理股权变更的一种手续。如投资者持有某企业的股票，这并不表示拥有该企业的股权，只有在该企业的登记部门或代理机构办理了股东名册的变更手续后方能成为该企业的日期界限，也就是说，凡此日期前记录在股东花名册上的股东，才有获取此次分派的权利。

（3）除权或除息日。即划分含权或含息股票和除息股票的日期。它通常为股权登记日的次个交易日。例如，在这一天之前股东手中的股票含企业分配一年来股利的权利，此时的股票称为含权股或含息股；当此权利实现后，在除权除息日购进的股票就不再享有这种权利了，这称为除权或除息股。按照证券的惯例一般股权登记日的前 4 天为除息日，除权除息日的开盘股价与前一日的收盘股价之间会有一个自然的价格差额。

（4）股利发放日，即将股利正式发给股东的日期，亦称付息日，从这点开始的一段时间内，企业将通过各种手段将股利付给股东，同时冲销股利负债。

三、利润分配的财务控制

由于利润是企业一定时期最终的财务成果，所以，利润分配就是将这个成果按照国家的法律规定向国家投资者和企业职工依法进行分配的过程。而这个过程始终贯穿着财务的管理与会计的核算和监督，它是一个法律强制性与自主性相结合的核算过程。

（一）对利润分配前计税依据的控制

首先应履行纳税人的义务，按照国家税法规定进行会计调整，可以采用应付税款法，或纳税影响会计核算等方法。依据规定，所得税的依据为应纳税所得额，应正确运用准许抵扣或不准许抵扣项目的计提比例、标准等确定企业应税所得额，其计算公式为：

$$应纳所得税额 = 利润总额 \pm 纳税调整项目金额$$

公式中的利润总额是企业利润表中所反映的利润总额，纳税调整项目即为永久性差异和时间性差异之和。

（二）税后利润分配的控制

首先审查企业分配方案是否符合国家法律、法规、制度以及法定程序原则。

具体要看是否按照弥补企业以前年度亏损（超法律规定期限）、上缴所得税、按法定比例提取法定盈余公积金、提取任意公积金、企业向股东分配股利（优先支付优先股、然后普通股）的顺序来进行利润分配。

需要指出，没有利润时企业不得向投资者分配利润，不能超额分配利润，企业可留有未分配利润，以丰补歉。分配要坚持公开，大股小股平等，按原则执行。不得弄虚作假，以保证企业规范运作，披露真实的会计信息制度，公平合理地分配利润，取信于社会 、取信于投资者，是企业长期发展的一个重要内容。

习 题

一、单项选择题

1. 某产品单位变动成本为10元，计划销售1 000件，每件售价15元，欲实现利润800元，固定成本应控制在（ ）元。

A. 5 000　　B. 4 800
C. 5 800　　D. 4 200

2. 保本点销售量是指（ ）。

A. 成本为零的销售量　　B. 收入=成本时的销售量
C. 成本=利润时的销售量　　D. 收入=成本+税金的销售量

3. 量、本、利分析法是利用业务量、成本、利润之间的关系进行利润预测的方法。单位产品中的变动成本不变，变动成本总额随产量的增减（ ），固定成本总额在一定产量范围内保持相对不变。

A. 成反比例变动　　B. 成正比例变动
C. 保持不变　　D. 很少变化

4. 甲公司2011年的税后利润是500万元，注册资本是3 000万元，则以下关于公积金、公益金的说法正确的是（ ）。

A. 甲公司应从税后利润中提取50万元作为公司的法定公积金，但假如发现公司以前的法定公积金累计额为1 550万元，可以不再提取2011年的法定公积金
B. 公司从税后利润中提取法定公积金后，经股东会议决议，还可以从税后利润中提取法定公益金
C. 公司从税后利润中提取法定公积金后，经董事会决议，还可以从税后利润中提取任意公积金
D. 公司的资本公积金可用于弥补公司的亏损、扩大公司生产经营或者转增公司资本

5. 乙公司为上市公司，2011年年底的股本为人民币24 000万元，截至2011年年初累计已提法定盈余公积10 000万元，弥补2010年亏损和缴纳企业所得税后的净利润8 800万元。则该企业2011年应提取法定盈余公积（ ）万元。

A. 1 960　　B. 1 470
C. 880　　D. 800

6. 企业的利润分配必须遵守国家的财经法规，根据《公司法》和《企业财务通则》的规定，按（ ）的基本顺序规范利润分配的顺序。

A. 提留、交税和分红　　B. 交税、分红和提留
C. 交税、提留和分红　　D. 交税、交费和分红

二、多项选择题

1. 下列属于销售收入预测方法的有（　　）。

A. 时间序列法　　B. 因果（相关）分析法

C. 本量利分析法　　D. 回归分析法

2. 利润总额是企业各项收入扣除相关的（　　）后的净额，它集中反映了企业生产活动中取得的最终财务成果。

A. 成本、费用　　B. 成本、费用、损失以及其他支出

C. 成本、费用、税金　　D. 税金和损失以及其他支出

3. 企业可根据实际情况选择适当的利润预测方法。我们经常使用的利润预测方法主要有（　　）。

A. 本量利分析法　　B. 比例测算法

C. 成本分析法　　D. 因素分析法

三、业务题

1. 某企业正在开发一种新产品，经过相关调查发现，该产品的销售价格为60元，变动成本为35元，每年固定成本为120万元，销售单位税金为5元。

要求：（1）采用本量利分析法测算该企业的保本点销售量和销售额。

（2）若目标利润为45 000元时的销售量和销售额。

2. 某企业主要生产A产品，过去5年A产品的有关资料如表7－2所示。

表7－2

年　度	产量（件）	单位成本（元）	混合总成本（元）
第1年	1 500	205	270 000
第2年	1 700	201	360 000
第3年	2 200	190	420 000
第4年	2 100	200	400 000
第5年	3 000	175	470 000

请用回归直线法进行混合成本的分解。

3. 某企业只生产一种产品，其单位售价为200元，单位变动成本为120元，每年固定成本为15万元，本年销售量为3 000件，预期下一年度销量将增长15%，请计算：

（1）该企业的保本销售量；

（2）下一年度的预期利润。

4. 某企业本年销售收入为2 000万元，预计下一年度将增长10%，根据统计测算，其销售收入利润率约为12%，则其目标销售利润是多少？

5. 某企业生产两种产品，有关资料如表7－3所示。

表 7－3

产　　品	单位市价	单位变动成本	单位贡献毛益	销量（件）
A	13	11	2	300
B	20	15	5	200

问：(1) 其综合贡献毛利率是多少?

(2) 假如由于某些原因，企业销售结构发生变动，其中，A 产品销量减少 10%，B 产品销量增加 8%，试计算新的综合贡献毛利率，这种结构变动是否可行?

第8章 财务分析

学习目标：
- □ 了解财务分析的一般概念
- □ 掌握财务分析的基本方法
- □ 掌握财务分析所采用的指标体系及其含义

第一节 财务分析的基本方法

我们总是想把一个企业做强做大，为此，必须了解企业在行业中的地位、企业在竞争中的优劣势、企业的财务状况等。如和同行业其他企业比，盈利水平高低、竞争能力怎样？和本企业历史情况比，发展前景如何、资金使用效果如何、现金流怎样、负债水平高低、风险有多大等等。

以上问题需要我们利用一定的财务分析方法来解决。

一、财务分析的概念

财务分析是指以企业财务报告反映的财务指标为主要依据，采用专门方法，对企业过去的财务状况和经营成果及未来前景所进行的剖析和评价。财务分析的主要目的是：评价企业过去的经营业绩，反映企业在运营过程中的利弊得失，衡量现在的财务状况，预测未来的发展趋势，为财务报表使用者作出相关决策提供可靠的依据。

二、财务分析的基本方法

财务分析的方法有很多种，常见的有：比较分析法、比率分析法、趋势分析法和因素分析法等，本书主要介绍前三种方法。

（一）比较分析法

比较分析法也称对比分析法，是对财务指标的实际数做各种各样的比较，从数量上确定差异的一种方法。它是企业财务分析中运用最广泛的一种方法，也是财务分析中各种方法运用的基础。比较分析法的作用在于揭露矛盾，评价业绩，找出不足，挖掘潜力。

实际工作中，比较分析法的形式主要有：实际指标与计划指标对比，同一指标纵向对比及同一指标横向对比三种形式。

1. 实际指标与计划指标对比。计划指标即财务管理的具体目标，它是在分析影响财务指标的客观因素的基础上制定的。通过某一指标的实际值与计划值的对比，可以说明企业计划的完成情况和程度。如果企业的实际财务指标未达到计划指标而产生差异，应进一步查明原因，以便改进财务管理工作。

2. 同一指标纵向对比。这是同一指标在不同时间上的对比，一般是用本期实际指标与历史指标进行对比。在财务分析工作中，历史指标的具体运用方式有三种：（1）本期与上期比；（2）本期与历史同期对比；（3）与历史最好水平对比。财务分析中采用历史标准有利于揭示企业财务状况和经营成果的变化趋势及存在的差距。

3. 同一指标横向对比。这是同一指标在不同条件下的对比，一般是用本企业指标与同行业其他企业或者与行业平均水平对比，以揭示本企业与同行业的差距。

【例8－1】 已知鑫华公司上年营业收入额为2 120万元，营业利润额为304万元；本年营业收入的实际数为2 200万元，计划数为2 100万元，营业利润的实际数为332万元，计划数为310万元；同类企业兴业公司本年营业收入的实际数为3 000万元，营业利润为350万元。根据以上资料可对鑫华公司本年的营业收入及营业利润做以下比较分析（见表8－1）。

表8－1　鑫华公司本年的营业收入及营业利润比较分析计算表　单位：万元

比较内容 / 比较形式	营业收入	营业利润
实际与计划比	2 200 － 2 100 ＝ 100	332 － 310 ＝ 22
本期与上期比	2 200 － 2 120 ＝ 80	332 － 304 ＝ 28
本期实际与同类公司比	2 200 － 3 000 ＝ －800	332 － 350 ＝ －18

以上计算结果表明，纵向及实际与计划比，鑫华公司本年的营业收入及营业利润均有所增长，经营业绩显著；但横向对比，和同类企业之间存在一定的差距，可进一步分析产生差距的具体原因是什么。

采用比较分析法进行财务分析，应注意以下几个问题：（1）实际指标要与所对比的指标的计算口径保持一致。所谓计算口径一致，是指实际财务指标所包含的内容、范围要与所对比的指标保持一致，否则，二者没有可比性。（2）实际指标与所对比的指标的时间期限要一致，即实际指标与所对比指标的计算期限要一致。如果实际指标是年度指标，那么，对比指标也应是年度指标，否则，二者不可比。（3）实际指标与所对比指标的计算方法必须一致。

（二）比率分析法

比率分析法是通过计算财务报表中两个相关指标的比率来考察、计量和评价经济活动业绩优劣的一种方法。在财务分析中，比率分析法的应用比较广泛，因为只采用有关指标的绝对值对比不能深入揭示企业经营活动和财务状况的全貌及其内在矛盾，而比率分析是从财务现象到财务本质的一种深化。通过计算财务比率，可以较为全面和深入地反映企业财务活动的业绩和本质。比如，例8－1中，通过比较分析，只能发现鑫华公司实际和计划、本期和上期以及本企业和同类企业之间各项指标的绝对数差额，如果我们进一步计算两公司的营业利润率会发现：实际和计划比，鑫华公司本年实际的营业利润率为15.1%（332/2 200×100%＝15.1%），计划营业利润率为14.8%（310/2 100×100%＝14.8%），实际比计划提高0.3%；纵向比，鑫华公司本年的营业利润率为15.1%，本年的营业利润率为14.3%（304/2 120×100%＝14.3%），说明鑫华公司本年和上年比，不仅销售规模有所增加，而且获利水平亦有较大幅度的提高；横向比，鑫华公司本年的营业利润率为15.1%，而兴业公司同期的营业利润率为11.7%（350/3 000×100%＝11.7%），鑫华公司的利润率高于兴业公司，说明鑫华公司的销售获利水平高于兴业公司。

根据财务分析的目的和要求不同，比率分析法主要有以下三种：

1. 构成比率分析。构成比率分析是通过计算某一经济指标各个组成部分与总体的比率，用以观察它的构成内容及其变化，以掌握该项经济活动的特点和变化趋势。比如计算各成本项目在成本总额中所占的比重，并同各种标准进行比较，可以了解成本构成的变化，明确进一步降低成本的重点；计算各资产项目在总资产中的比重，可以分析企业资产构成是否合理，为企业调整资产的配置提供依据。

$$构成比率=\frac{某个组成部分数额}{总体数额}\times 100\%$$

2. 效率比率分析。效率比率分析是通过计算某项经济活动所费与所得的比率，以反映经济活动中投入与产出的关系，揭示和评价企业经营效率及经济效益的高低。如将利润项目与营业成本、资本等项目加以对比，计算出成本利润率、资本利润率指标，通过和各种标准对比，评价企业获利能力的高低及其增减变化情况；将营业收入和资产占用额相比，计算出各种周转率指标，以反映企业资金营运效率的高低。

3. 相关比率分析。相关比率分析是以同一时期某个项目和其他有关但又不同的项目加以对比，求出比率，以便更深入地认识企业某方面的经济活动情况。比如将企业的资本、资产与负债加以对比，计算出流动比率、资产负债率、产权比率等，以此来判断企业资产对偿还债务的保障能力。

值得注意的是：广义上来看，企业以财务报表所提供的各项指标为依据计算而得的有实际意义的比率都属于相关比率，以上类别是对广义的相关比率按其具体含义所做的进一步的分类。有一些指标从数量关系看属于构成比率，从经济意义上看，又属于相关比率，比如资产负债率指标。

应用比率分析法应注意两个问题：

第一，在运用相关比率分析时，应注意正确地计算和使用财务比率。正确地计算财务比率，是指用于计算比率的两个指标在计算口径、计算时间上有可比性；正确地使用财务比率，就是要根据行业的特点、企业的类型和分析的目的，选择有用的比率进行分析。财务报表中的指标有很多，如果我们不加分析，随便拿任意两个指标相除去计算比率，有时会得到毫无价值的比率。

第二，单独采用财务比率很难说明企业财务状况和经营成果的高低及其变化趋势，所以，应用比率分析法最好与比较分析法结合起来，即计算的财务比率一定要有比较的标准，这样，才能更好地评价企业的财务状况。通常用做对比的标准有以下几种：（1）预定标准，指企业自身确定的、要求财务工作在某个方面应该达到的目标，比如计划标准、定额标准；（2）历史标准，指企业在过去经营中实际完成的水平。可以用做历史标准的通常是企业的历史最优水平，或为某一固定基期水平或报告期水平；（3）行业标准。指本行业内同类企业已经达到的水平。行业内同类企业的标准有两种，一是行业先进水平，二是行业平均水平；（4）公认标准。指经过人们长期实践，为人们共同接受，成为约定俗成程度的一些标准，比如流动比率的公认标准为2:1，速动比率的公认标准为1:1等。

（三）趋势分析法

趋势分析法，又称水平分析法，是指利用财务报告提供的数据资料，将两期或连续数期财务报告中的相同指标进行定基对比或环比对比，揭示企业财务状况和经营成果变化趋势的一种分析方法。采用这种方法可以分析引起一些指标变化的主要原因、变动的性质，并预测企业未来的发展趋势。

趋势分析法的具体运用，主要有以下三种方式：

1. 财务比率的趋势分析。是将同一企业若干年的财务比率排列在一起，分析它们的变化趋势，找出问题，确定对策。下面为鑫华公司2004—2011年的主要财务比率变动表，如表8－2所示。

表8－2　公司2004—2011年主要财务比率变动表

财务比率＼年份	2004	2005	2006	2007	2008	2009	2010	2011
流动比率	2.00	2.11	2.06	1.98	2.19	2.01	1.97	1.57
速动比率	0.86	0.92	0.90	0.88	0.95	1.01	1.02	0.86
应收账款平均收账期（天）	57	65	61	59	69	68	75	80
存货周转次数（次）	3.34	3.28	3.55	3.40	2.19	3.01	3.68	4.04
资产负债率	0.92	0.98	0.97	0.93	0.90	0.87	0.86	0.55
销售利润率（%）	27	26	25.5	23	22	25	25.5	17.4
净资产收益率（%）	17.52	14.89	15.6	16.47	14.23	14.97	15.21	33.72

2. 会计报表金额的趋势分析。是将两期或两期以上的报表项目金额进行比较，得出各项目增减变化的金额和变动幅度，以说明报表上同一项目在不同时期的增减变化情况。下面为鑫华公司2010—2011年的比较利润表，如表8－3所示。

表8－3　公司比较利润表

2010—2011年　单位：万元

项　目	2010	2011	增加（减少）	
			金　额	百分比（%）
营业收入	2 120	2 200	80	3.77
营业成本（销货成本）	1 000	1 050	50	5
管理费用	490	480	－10	－2.04
财务费用（利息支出）	120	123	3	2.50

续表

项　　目	2010	2011	增加（减少）	
			金　　额	百分比（%）
营业税金	206	215	9	4.37
营业利润	304	332	28	9.21
加：投资收益	10	10	0	0
营业外收入	28	32	4	14.29
减：营业外支出	16	20	4	25
利润总额	326	354	28	8.59
所得税（25%）	81.50	88.50	7	8.59
净利润	244.50	265.50	21	8.59

3. 会计报表构成的趋势分析。是以会计报表中的某个总体指标作为100%，计算出各组成项目占该总体指标的百分比，然后加以比较，以此来判断有关财务活动的变动趋势。比如，把营业收入作为100%，计算成本、费用、利润等占营业收入的百分比，以反映企业每百元收入中各项消耗和利润所占的比重，从而揭示企业耗费水平及获利水平的变动趋势。表8-4为鑫华公司2010—2011年的比较百分比利润表。

表8-4　　鑫华公司比较百分比利润表

2010—2011年

项　　目	2010（%）	2011（%）
营业收入	100	100
营业成本（销货成本）	47.2	47.7
管理费用	23.1	21.8
财务费用（利息支出）	5.7	5.6
营业税金	9.7	9.8
营业利润	14.3	15.1
加：投资收益	0.5	0.4
营业外收入	1.3	1.4
减：营业外支出	0.8	0.9
利润总额	15.3	16
所得税（25%）	3.84	4
净利润	11.46	12

百分比分析既可以用于同一企业不同时期财务状况的纵向比较，也可用于不同企业之间的横向比较。同时，这种方法能消除不同时期（不同企业）之间业务规模差异的影响，有利于分析企业的耗费水平和盈利水平。

在采用趋势分析法时，应注意以下问题：（1）用于进行比较的各个时期的指标，在计算口径上必须一致；（2）要将偶发性项目的影响剔除，使作为分析的数据能反映正常的经营状况；（3）应对某项有显著变动的指标作重点分析，研究其发生的原因。

（四）因素分析法

因素分析法也称因素替代法，是对某项综合指标的变动原因按其内在的因素，计算和确定各个因素对这一综合指标发生变动的影响程度。因素分析法有连环替代法和差额分析法两种。

第二节 财务分析的指标体系

财务管理的目标是实现股东财富最大化，这一目标的实现程度主要取决于企业的三大能力，即企业营运能力、偿债能力和赢利能力的大小。其中，营运能力反映企业资金的使用效率，通常用资金周转速度（周转率）表示；偿债能力反映企业经营的风险大小及稳健程度，通常通过企业资本、资产和负债之间的比率来表示；赢利能力反映企业的经营效果，通常通过企业的所得与所费的对比，即利用各种利润率指标来表示。这三大能力互相联系，彼此制约，共同决定企业财务目标的实现。所以，企业财务分析工作主要围绕上述三大能力进行，财务分析的指标体系亦围绕这三大能力来设计。

小资料

2008 年末的全球金融危机，美国有数十家银行及保险公司破产。次贷危机是本次金融危机的直接导火线。数十家银行因不良资产（次级贷款）引发流动性危机（资金周转发生困难）及信用危机（偿债发生困难），最终导致破产。这一事实再一次告诉人们：企业在追求盈利的过程中，一定要注重资本结构的稳健性，增强资产的流动性，提高自身防范风险的意识和能力。否则，一旦发生流动性困难及偿债危机，账面上的资产和利润顶多可作“画中之饼，水中之月”，挽救不了企业走向破产的悲惨结局。

财务分析的指标体系为企业财务分析常用的财务比率。现将鑫华公司 2011 年的资产负债表（表 8-5）和利润表（表 8-6）列示如下。

表 8-5　　鑫华公司资产负债表

2011 年 12 月 31 日

单位：元

资　产	年初数	年末数	负债及所有者权益	年初数	年末数
流动资产			流动负债		
货币资产	80 000	495 000	短期借款	1 830 000	2 030 000
应收账款	5 950 000	8 745 000	应付账款	5 880 000	6 000 000
存货	5 200 000	8 500 000	流动负债合计	7 710 000	8 030 000
流动资产合计	11 230 000	17 740 000	长期借款		1 000 000
固定资产原价	8 700 000	9 700 000	所有者权益合计	10 720 000	16 410 000
减：累计折旧	1 500 000	2 000 000			
固定资产净值	7 200 000	7 700 000			
资产总计	18 430 000	25 440 000	负债及所有者权益总计	18 430 000	25 440 000

表 8－6　　　　　　　　　　　　　　公司利润表

2011 年 12 月　　　　　　　　　　　　　　单位：元

项　　目	本月数	本年累计数
一、主营业务收入		28 000 000
减：主营业务成本		10 226 000
主营业务费用		4 410 000
主营业务税金及附加		2 170 800
二、主营业务利润		11 193 200
加：其他业务利润		1 040 400
减：管理费用		1 000 000
财务费用		1 600 000
三、营业利润		9 633 600
加：投资收益		581 200
营业外收入		202 700
补贴收入		
减：营业外支出		153 900
四、利润总额		10 263 600
减：所得税（25%）		2 565 900
五、税后利润		7 697 700

根据鑫华公司的有关财务会计资料，你能对鑫华公司的财务情况作出一个评价吗？

一、偿债能力分析

偿债能力是指企业偿还到期债务的能力。偿债能力分为长期偿债能力和短期偿债能力两个方面。长期偿债能力分析企业以未来的现金流量偿还债务本息的能力，短期偿债能力则反映企业以流动资产偿还短期债务的能力。

（一）短期偿债能力分析

通常企业主要通过短期资产变现来偿还短期债务，因此，**反映企业短期偿债能力的指标主要有流动比率、速动比率和现金比率。**

1. 流动比率。流动比率是指企业流动资产与流动负债的比率，其计算公式为：

$$流动比率=\frac{流动资产}{流动负债}$$

该指标表明企业每 1 元流动负债有多少流动资产作为偿还的保证，反映企业用可在短期内变为现金的流动资产偿还到期流动负债的能力。一般来说，流动比率越高，企业偿还短期债务的能力越强，债权人的权益越有保障。但是，流动比率也不可以过高，过高则表明企业流动资产占用较多，会影响资金的使用效率，增加资金占用的机会成本，进而影响企业的获利能力。

通常认为，生产性企业的流动比率等于 200% 时较为适当。如果比例过低，企业可能面临到期难以清偿债务的困难。

根据表 8－5 的资料，鑫华公司的流动比率为：

$$流动比率 = \frac{17\ 740\ 000}{8\ 030\ 000} = 2.21$$

该指标大大超过公认标准，说明鑫华公司的短期偿债能力较强。

运用流动比率时，必须注意以下几个问题：

（1）虽然流动比率越高，企业偿还短期债务的流动资产保证程度越强，但这并不等于说流动比率高，企业就一定有足够的现金或存款用来偿债。流动比率高也可能是存货积压、应收账款增多且收账期延长，以及待摊费用和待处理财产损失增加所致，而真正可用来偿债的现金和存款却严重短缺。所以，企业应在分析流动比率的基础上，进一步对现金流量加以考察。

（2）从短期债权人的角度看，自然希望流动比率越高越好。但从经营者的角度看，过高的流动比率通常意味着企业闲置现金的持有量过多，必然造成企业机会成本的增加和获利能力的降低。因此，企业应尽可能将流动比率维持在不使货币资金闲置的水平。

（3）流动比率是否合理，不同行业因其资产的流动性不同而有所差异。比如流通类企业资产的流动性大，变现能力强，这一标准可低一些；而建筑类企业资产的流动性小，变现能力弱，对这一指标的要求就应适当高一些。因此，不应用统一的标准来评价各企业流动比率合理与否。

2. 速动比率。**速动比率是企业速动资产与流动负债的比率。**所谓速动资产是指流动资产减去变现能力较差且不稳定的存货、预付账款、一年内到期的非流动资产和其他流动资产等之后的余额。由于剔除了存货等变现能力较弱且不稳定的资产，因此，速动比率较之流动比率能够更加准确、可靠地评价企业资产的流动性及其偿还短期负债的能力。其计算公式为：

$$速动比率 = \frac{速动资产}{流动负债}$$

其中，

$$\begin{aligned}速动资产 &= 货币资产 + 短期投资 + 应收账款 + 应收票据\\ &= 流动资产 - 存货 - 预付账款 - 年内到期的非流动资产等\end{aligned}$$

一般情况下，速动比率越高，表明企业偿还流动负债的能力越强。但如果速动比率过高，尽管债务偿还的安全性很高，但却会因企业现金及应收账款资金占用过多而大大增加企业的机会成本。

通常认为，速动比率等于 100% 时较为适当。低于 100% 的速动比率被认为是短期偿债能力偏低。

根据表 8－5 的资料，鑫华公司的速动比率为：

$$速动比率 = \frac{17\ 740\ 000 - 8\ 500\ 000}{8\ 030\ 000} = 1.15$$

说明鑫华公司短期偿债能力较强。

在对速动比率进行分析时需注意：尽管速动比率较之流动比率更能反映出流动负债偿还的安全性和稳定性，但并不能认为速动比率较低的企业，流动负债到期绝对不能偿还。实际上，如果企业存货流转顺畅，变现能力较强，即使速动比率较低，只要流动比率高，企业仍然有望偿还到期的债务本息。

3. 现金比率。**现金比率，也称为即付比率，是现金类资产与流动负债的比率。**现金类资产包括现金和有价证券，它是速动资产扣除应收账款后的余额。其计算公式为：

$$现金比率=\frac{现金+短期投资}{流动负债}$$

公司的现金比率为：

$$现金比率=\frac{495\ 000}{8\ 030\ 000}=0.06$$

说明鑫华公司的现金持有量不足。

现金比率是衡量企业短期偿债能力的最直接的指标，它直接反映了企业偿还流动负债的能力。通常认为，现金比率在0.2以上较为合适。现金比率过高反映了企业不善于利用现金资源，没有把现金投入经营活动；相反，现金比率过低则反映出企业支付流动负债有一定的困难。

（二）长期偿债能力

长期偿债能力是指企业偿还长期负债的能力，分析企业长期偿债能力的指标主要有：资产负债率、产权比率、已获利息倍数等。

1. 资产负债率。又称负债比率，它表明企业资产总额中，债权人提供资金所占的比重，以及企业资产对债权人权益的保障程度。其计算公式为：

$$资产负债率=\frac{负债总额}{资产总额}\times 100\%$$

根据表8-5的资料，鑫华公司的资产负债率为：

$$资产负债率=\frac{8\ 030\ 000+1\ 000\ 000}{25\ 440\ 000}\times 100\%=35.5\%$$

通常，资产负债率越小，表明企业长期偿债能力越强。但是，不同的利益主体对该指标的要求不完全一样。

（1）从债权人的立场看，该指标越小越好。该指标越小，企业偿债越有保证。

（2）从企业所有者来说，如果该指标较大，说明利用较少的自有资本投资形成了较多的生产经营用资产，不仅扩大了生产经营规模，而且在经营状况良好的情况下，还可以利用财务杠杆作用，得到较多的投资利润；如果该指标过小，则表明企业对财务杠杆利用不够。因此，在全部资产利润率高于借款利息率的条件下，企业所有者希望这一指标高一些较好。

（3）从企业经营者来说，该指标过大，则表明企业的债务负担过重，不仅对债权人不利，而且企业有濒临倒闭的危险。所以，企业经营者在制定资本结构决策时一定要审时度势，全面考虑。要充分考虑负债给企业带来的预期利润和增加的风险，在二者之间权衡利害得失，作出正确决策。

保守的观点认为，资产负债不应高于50%，而国际上通常认为，资产负债率等于60%时较为适当。

想一想：我们经常所说的资不抵债意味着什么呢？

2. 产权比率。也称债务股权比率，是负债总额与所有者权益的比值。其计算公式为：

$$产权比率=\frac{负债总额}{所有者权益总额}\times 100\%$$

根据表 8－5 的资料，公司的产权比率为：

$$产权比率=\frac{8\ 030\ 000+1\ 000\ 000}{16\ 410\ 000}\times 100\%=55.03\%$$

产权比率是企业财务结构稳健与否的重要标志，它反映企业所有者权益对债权人权益的保障程度。一般情况下，产权比率越低，表明企业的长期偿债能力越强，债权人权益的保障程度越高，承担的风险越小。但产权比率过低，表明企业不能充分地发挥负债的财务杠杆效应。所以，企业在评价产权比率适当与否时应从提高获利能力和增强偿债能力两个方面综合分析，即在保障债务偿还安全的前提下，尽可能提高产权比率。

产权比率与资产负债率对评价偿债能力的作用基本相同，两者的主要区别是：资产负债率侧重于分析债务偿付安全性的物质保障程度，产权比率则侧重于揭示财务结构的稳健程度以及自有资金对偿债风险的承受能力。

3. 已获利息倍数。**是指企业一定时期息税前利润与利息支出的比率。**其计算公式为：

$$已获利息倍数=\frac{息税前利润总额}{利息支出}$$

公式中，息税前利润＝利润总额＋利息支出＝净利润＋所得税＋利息支出

利息支出是指支付债权人的全部利息，它包括财务费用中的利息费用和固定资产的资本化利息。

已获利息倍数反映企业获利能力对偿还债务利息的保证程度，因此，它既可反映企业获利能力的大小，也是衡量企业长期偿债能力大小的重要指标。一般情况下，已获利息倍数越高，表明企业长期偿债能力越强。国际上通常认为，该指标为 3 时较为适当。从长期来看，若要维持正常偿债能力，利息保障倍数至少应当大于 1，如果利息保障倍数过小，企业将面临亏损以及偿债的安全性和稳定性下降的风险。

根据表 8－6 的资料，鑫华公司的已获利息倍数为：

$$已获利息倍数=\frac{10\ 263\ 600+1\ 600\ 000}{1\ 600\ 000}=7.41$$

讨论：已获利息倍数可以反映企业的获利能力，所以，该指标数值越大越好。这句话对吗？

二、营运能力分析

营运能力是指企业资金的利用效率，即资金周转的速度快慢及其有效性。企业在一定时期内经营效果的好坏（即实现利润的多少），主要取决于两个因素，一是资金周转速度的快慢；二是资金每周转一次盈利水平的高低。企业营运能力高，周转速度快，一方面可以在较短的时间内实现资金的回流，另一方面在盈利水平一定的条件下，可以实现一定时期内的利润额的稳定增加。由此可见，企业营运能力的大小对企业获利能力的持续增长与偿债能力的不断提高有决定性影响。**营运能力的分析主要从流动资产周转情况、固定资产周转情况和总资产周转情况三方面进行，其评价指标主要有：流动资产周转率、应收账款周转率、存货周转率、固定资产周转率、总资产周转率等。**

（一）流动资产周转率

流动资产周转率是销售收入与全部流动资产平均占用额的比值。它反映在一定时期内流动资产可以周转的次数。其计算公式为：

$$流动资产周转率（周转次数）=\frac{销售收入}{流动资产平均余额}$$

$$流动资产平均占用额=\frac{流动资产期初余额+流动资产期末余额}{2}$$

流动资产周转率也可以用周转天数来表示，其计算公式为：

$$流动资产周转期（周转天数）=\frac{计算期天数}{流动资产周转次数}$$

$$=\frac{计算期天数\times 流动资产平均占用额}{销售收入}$$

该指标的计算结果流动资产周转次数越多，周转天数越短，说明流动资产周转速度越快，利用效率越高，相同的流动资产占用实现的周转额（销售收入）越多，流动资产的营运能力就越强，越有利于提高企业盈利水平。

根据表8－5、表8－6的资料，鑫华公司的流动资产周转次数和天数分别为：

$$流动资产周转次数=\frac{28\ 000\ 000}{(11\ 230\ 000+17\ 740\ 000)/2}=1.93(次)$$

$$流动资产周转天数=\frac{360}{1.93}=186.53（天）$$

（二）应收账款周转率

应收账款周转率是指企业赊销收入净额与平均应收账款余额的比，用于衡量企业应收账款的周转速度。其计算公式为：

$$应收账款周转率（周转次数）=\frac{赊销净额}{平均应收账款余额}$$

$$赊销净额=销售收入-现销收入-销售退回、折让、现金折扣$$

$$平均应收账款余额=\frac{期初应收账款余额+期末应收账款余额}{2}$$

由于企业赊销资料作为商业机密不宜对外公布，所以在一般报表分析或与其他单位比较时可直接用销售净收入额代替赊销净额。

上面所讲的应收账款包括会计核算中的“应收账款”与“应收票据”等全部赊销账款在内，但应为扣除坏账准备后的净值。

评价应收账款的周转速度还可以用应收账款回收期（周转天数）来反映。其计算公式为：

$$应收账款回收期（周转天数）=\frac{计算期天数}{应收账款周转次数}$$

$$=\frac{计算期天数\times 应收账款平均余额}{赊销收入净额}$$

应收账款周转速度反映了企业年度内应收账款转为现金的平均次数，应收账款回收期表示从取得应收账款的权利到收回款项转换为现金所需要的时间。一般来说，应收账款周转次数越高、回收期越短，说明应收账款回收速度越快，资产流动性越强，可以减少和避免坏账损失。

考核企业应收账款的回收速度，必须与企业的信用条件相结合。假如应收账款周转天数为 50 天，企业信用期为 30 天，则大部分应收账款严重超过了信用期；如果信用期为 60 天，应收账款周转天数为 50 天，说明企业收账速度良好。

根据表 8－5、表 8－6 的资料，鑫华公司的应收账款周转次数和周转天数计算如下：

$$应收账款周转次数 = \frac{28\ 000\ 000}{(5\ 950\ 000 + 8\ 745\ 000)\ /2} = 3.81\ （次）$$

$$应收账款周转天数 = \frac{360}{3.81} = 94.49\ （天）$$

（三）存货周转率

存货周转率是企业一定时期销售成本与平均存货的比率，它是反映企业流动资产流动性的一个指标，也是衡量和评价企业生产经营各环节中存货运营效率的一个综合性指标。其计算公式为：

$$存货周转率（周转次数）= \frac{销货成本}{存货平均余额}$$

$$存货平均余额 = \frac{期初存货 + 期末存货}{2}$$

$$存货周转期（周转天数）= \frac{计算期天数}{存货周转次数} = \frac{计算期天数 \times 平均存货}{销货成本}$$

公式中的销货成本是指销售进价成本或销售制造成本。

存货周转速度的快慢，不仅反映企业采购、储存、生产、销售各环节管理工作状况的好坏，而且对企业的偿债能力及获利能力产生决定性影响。一般来说，存货周转率越高，周转期越短，表明存货周转速度越快，利用效率越好。

根据表 8－5、表 8－6 的资料，鑫华公司的存货周转次数和周转天数为：

$$存货周转次数 = \frac{10\ 226\ 000}{(5\ 200\ 000 + 8\ 500\ 000)\ /2} = 1.49\ （次）$$

$$存货周转天数 = \frac{360}{1.49} = 241\ （天）$$

小资料

沃尔玛存货周转天数 44 天，中国国有企业存货周转天数在 100 天左右，而日本企业存货周转天数为 20 天。

（四）固定资产周转率

$$固定资产周转率（周转次数）= \frac{销售收入}{平均固定资产净值}$$

$$平均固定资产净值 = \frac{固定资产净值年初数 + 固定资产净值年末数}{2}$$

$$固定资产周转期（周转天数）= \frac{计算期天数}{固定资产周转次数}$$

$$= \frac{计算期天数 \times 平均固定资产净值}{销售收入}$$

（五）总资产周转率

$$总资产周转率（周转次数）=\frac{销售收入}{平均资产总额}$$

$$平均资产总额=\frac{资产总额年初数+资产总额年末数}{2}$$

$$总资产周转期（周转天数）=\frac{计算期天数}{总资产周转次数}=\frac{计算期天数\times平均资产总额}{销售收入}$$

在计算以上周转率时应注意：

（1）公式中的资产平均占用额应按分析期的不同分别加以确定，并应当与分子在时间上保持一致。

（2）计算期天数通常年数为360天，季度为90天，月份为30天。

三、赢利能力分析

俗话说“无利不起早”，“天下熙熙，皆为利来；天下攘攘，皆为利往”。这里所说的“利”，是指好处，从企业的角度看，就是利润。可见，实现利润是企业的首要职责，那么哪些指标可以反映企业的赢利能力呢？

赢利能力是指企业获取利润的能力。不管是投资者、债权人还是企业经营者，都非常关心企业的赢利能力。投资者取得投资收益，债权人取得本息都有赖于企业的赢利能力，企业经营者的业绩也体现在盈利水平上，一切与企业有关的人都希望企业的赢利能力不断提高。**通常反映企业获利能力的指标有营业利润率、总资产报酬率、净资产收益率等。**

（一）营业利润率

营业利润率是企业一定时期的营业利润与营业收入的比率。其计算公式为：

$$营业利润率=\frac{营业利润}{营业收入}\times100\%$$

营业利润率越高，表明企业市场竞争力越强，发展潜力越大，从而获利能力越强。

需要说明的是，从利润表来看，企业的利润包括营业利润、利润总额和净利润三种形式，因此，**在实务中也经常使用营业净利率、营业毛利率等指标来分析企业经营业务的获利水平。**其计算公式如下：

$$营业净利率=\frac{净利润}{营业收入}\times100\%$$

$$营业毛利率=\frac{营业收入-营业成本}{营业收入}\times100\%$$

根据表8－6的资料，鑫华公司的营业利润率、营业净利率、营业毛利率计算如下：

$$营业利润率=\frac{9\ 633\ 600}{28\ 000\ 000}\times100\%=34.41\%$$

$$营业净利率=\frac{7\ 697\ 700}{28\ 000\ 000}\times100\%=27.49\%$$

$$营业毛利率=\frac{28\ 000\ 000-10\ 226\ 000}{28\ 000\ 000}=63.48\%$$

（二）总资产报酬率

总资产报酬率是企业息税前利润与平均资产总额的比率。它是反映企业资产综合利用效果的指标，也是衡量企业利用债权人和所有者投资资金盈利水平高低的重要指标。其计算公式为：

$$总资产利润率 = \frac{息税前利润}{资产平均总额} \times 100\%$$

其中，$资产平均总额 = \frac{期初资产总额 + 期末资产总额}{2}$

总资产利润率越高，企业获利能力越强。

根据表 8－5、表 8－6 的资料，鑫华公司的总资产利润率为：

$$总资产利润率 = \frac{10\ 263\ 600 + 1\ 600\ 000}{(18\ 430\ 000 + 25\ 440\ 000)\ /2} = 54.09\%$$

（三）净资产收益率

净资产收益率是企业实现的税后利润与所有者权益的比率，它是反映企业自有资金投资获利水平的指标，是衡量企业获利能力的核心指标。其计算公式为：

$$净资产收益率 = \frac{净利润}{平均所有者权益} \times 100\%$$

其中，

$$平均所有者权益 = \frac{所有者权益期初数 + 所有者权益期末数}{2}$$

净资产收益率是评价企业自有资本及其积累获取报酬水平的最具综合性和代表性的指标，反映企业资本运营的综合效益。该指标通用性强，适用范围广，不受行业局限，在国际上的企业综合评价中，使用率非常高。通过对该指标的综合对比分析，可以看出企业获利能力在同行业中所处的地位以及与同类企业的差异水平。一般认为，净资产收益率越高，企业自有资本获取收益的能力越强，运营效益越好，对企业投资人和债权人权益的保障程度越高。

根据表 8－5、表 8－6 的资料，鑫华公司的净资产收益率计算如下：

$$净资产收益率 = \frac{7\ 697\ 700}{(10\ 720\ 000 + 16\ 410\ 000)\ /2} \times 100\% = 56.75\%$$

对企业赢利能力的分析除了以上三个方面外，还可以参考资本保值增值率指标。资本保值增值率是企业期末所有者权益与期初所有者权益的比率，它反映了投资者投入企业资本的完整性和保全性。其计算公式为：

$$资本保值增值率 = \frac{期末所有者权益}{期初所有者权益} \times 100\%$$

在企业投资额不变的情况下，资本保值增值率等于 100%，即意味着资本保值；资本保值增值率大于 100%，则意味着资本增值。

讨论：企业的营运能力、偿债能力和赢利能力三者之间有什么联系？

问题：根据以上的计算，对鑫华公司的财务状况进行分析评价，写一份鑫华公司财务分析报告。

习 题

一、单项选择题

1. 如果企业速动比率很小，下列结论正确的是（　　）。
A. 企业流动资产占用过多
B. 企业短期偿债风险很大
C. 企业短期偿债能力很强
D. 企业资产流动性很强
2. 下列指标属于短期偿债能力分析的指标是（　　）。
A. 流动比率
B. 资产负债率
C. 流动资产周转率
D. 成本利润率
3. 下列经济业务不会影响企业流动比率的是（　　）。
A. 赊购原材料
B. 用现金购买短期债券
C. 用存货对外进行长期投资
D. 向银行办理短期借款
4. 衡量企业偿还到期债务能力的直接标志是（　　）。
A. 有足够的资产
B. 有足够的流动资产
C. 有足够的存货
D. 有足够的现金
5. 企业增加速动资产，一般会（　　）。
A. 降低企业的机会成本
B. 提高企业的机会成本
C. 增加企业的财务风险
D. 提高流动资产的收益率
6. 下列指标属于构成比率的是（　　）。
A. 净利润/平均所有者权益
B. 负债/所有者权益
C. 固定资产/总资产
D. 营业收入/流动资产平均余额
7. 产权比率越小，债权人遭受损失的可能性（　　）。
A. 越大
B. 越小
C. 无关
D. 不一定
8. 利息保障倍数反映了企业获利能力对偿还（　　）的保证程度。
A. 全部债务
B. 债务利息
C. 债务本金
D. 债券

二、多项选择题

1. 速动资产是指（　　）。
A. 货币资金和短期投资
B. 应收票据、应收账款和其他应收款
C. 流动资产－流动负债
D. 流动资产－存货－预付账款
2. 下列属于企业营运能力分析的指标是（　　）。
A. 总资产周转率
B. 产权比率
C. 流动资产周转率
D. 已获利息倍数
3. 流动比率过高，表明企业（　　）。

第9章 个人理财

学习目标： ☐ 掌握个人理财的概念、目的和内容

☐ 树立科学的个人理财观念

☐ 了解主要的个人理财产品的内容，正确运用税收知识进行个人所得的税收筹划

第一节 个人理财的定义和内容

一个工薪阶层的家庭理财规划

家庭基本情况：丈夫27岁，工程师，月薪是6 000元；妻子25岁，护士，月薪为3 500元；小孩刚一周岁。双方老人都还在上班，他们也都有基本的养老保险和医疗保险。有价值1 000 000元的90平方米的住房一套。夫妻双方都有社会保险的保障，还有60 000元的存款。

理财规划师给这个工薪阶层家庭制订了一个包含现金、保险、教育、投资等方面的理财规划：

1. 现金规划。从年收入的余额中预留出6个月的生活费用15 000元，作为家庭的应急基金或家族支援基金。

2. 保险规划。两人作为家庭的经济支柱，当风险（如意外或疾病）一旦来临时，家庭就将面对巨大的财务安全问题。随着年龄的增加，夫妻双方均应定期购买重大疾病保险100 000元，同时各附加100 000元的意外伤害保险及意外伤害医疗保险，小孩应办理城镇居民医疗保险，家庭年保费应控制在5 000元左右，用最少的保费实现最大的安全保障。

3. 教育规划。从年结余的40 000元中分出20 000元左右在理财师的帮助下做基金定

投，购买股票型开放式基金（具体基金由理财规划师提供），按10%测算，可以满足孩子小学、中学及大学的学费。

4. 投资规划。投资规划是为子女教育规划和养老规划做准备，现有的银行存款60 000元，其中的30 000元投资于股票，余下的30 000元投资于人民币理财产品。

上述是一个普通家庭的理财规划，你对这一理财规划有何看法？

一、个人理财的定义

（一）个人理财的概念

个人理财，就是通过对经济资源的适当管理来实现个人及家庭生活目标的过程，是一个为实现整体理财目标而设计的统一的互相协调的个人规划。

要把握自己未来的生活，我们需要有一个科学的个人理财规划。不同的人群、同一个人的不同时期有着不同的理财规划。完整的个人理财规划包括三个核心内容：一是个人及家庭生活目标；二是个人拥有或控制的经济资源；三是有一套很清晰、成熟的规划，以保证个人（家庭）生活目标的实现。

（二）个人理财的目的

进行个人理财，目的是利用个人拥有或控制的经济资源，实现个人及家庭的理财目标，并最终达到终生的财务安全、自主和自由。具体而言，个人理财目的有三个：一是开源，让钱生钱，实现个人财富的最大化；二是节流，合理消费，减少浪费；三是避险，通过完善的投保，在遭遇灾难时，经济上仍然能够保证正常的生活。

二、个人理财的内容

（一）个人理财的范围

理财可以说是围绕着一个“钱”字做文章，用“钱”字来表达理财的范围，可以概括为：赚钱（收入）、用钱（支出）、存钱（资产）、借钱（负债）、省钱（节税）、护钱（信托保险）。

1. 赚钱（收入）。一生的收入包含运用个人资源所产生的工作收入和运用金钱资源所产生的理财收入。工作收入是以人赚钱，包括薪资、佣金、工作奖金、自营事业所得等；理财收入是以钱赚钱，包括利息收入、房租收入、股利、资本利得等。

2. 用钱（支出）。一生的支出包括个人（含家庭）由出生至终老的生活支出，以及因投资与信贷运用所产生的理财支出。生活支出包括衣食住行、娱乐医疗等生活开销；理财支出包括贷款利息支出、保障型保险保费支出、投资手续费用支出等。

3. 存钱（资产）。当期的收入超过支出时会有储蓄产生，而每期累积下来的储蓄就是资产。资产包含：

（1）紧急预备金。持有一笔现金以备失业或不时之需。

（2）投资。可用来滋生理财收入的投资工具组合。

（3）置产。购置自用房屋、自用车等提供使用价值的资产。

4. 借钱（负债）。当现金收入无法支付现金支出时就要借钱，形成负债。借钱的原因可能是暂时性的入不敷出、购置可长期使用的房地产或汽车家电，以及拿来扩充信用的投资。负债包含：

（1）消费负债。如信用卡循环信用、现金卡余额、分期付款等。

（2）投资负债。如融资融券保证金、发挥财务杠杆的借钱投资。

（3）自用资产负债。如购置自用资产所需房屋贷款、汽车贷款。

5. 省钱（节税）。在现代社会中，不是所有的收入都可用来支付支出，有所得要缴所得税、出售财产要缴财产税、财产移转要缴赠与税或遗产税，因此在现金流量规划中如何合法节省所得税，在财产移转规划中如何合法节省赠与税或遗产税，也成为理财中重要的一环。节税包括：

（1）所得税节税规划。

（2）财产税节税规划。

（3）财产移转节税规划。

6. 护钱（信托保险）。护钱的重点在风险管理，预先购买保险或信托安排，使人力资源或已有财产得到保护，或当发生损失时可以获得理财收入来弥补损失。为得到弥补人或物损失的寿险、产险保障，必须支付一定比率的保费，一旦保险事故发生时，理赔金所产生的理财收入可取代中断的工作收入，来应付家庭或遗属的生活支出，或以理赔金偿还负债来降低理财利息支出。此外，信托安排可以将信托财产独立于其他私有财产之外，不受债权人的追索，有保护已有财产免于流失的功能。护钱包括：

（1）人寿保险。寿险、医疗险、意外险、失业险。

（2）产物保险。火险、责任险。

（3）信托。

（二）个人理财的内容

个人理财是随着人们收入的增加、生活质量的提高而出现的。我们在日常生活的很多场景中听到过“理财”，而且也接触过不同行业的理财活动。个人理财内容主要包括：

1. 投资规划。投资是大多数人增加财富的最佳方法，同时我们也应注意到，只要是投资必然存在风险。为了分散风险，投资一般都需要构建投资组合，而投资组合的构建依赖于不同的投资工具。这些投资工具根据其期限长短、风险收益的特征与功能的不同，大体可以分为四种类型：货币市场工具、固定收益的资本市场工具、权益证券工具和金融衍生工具。一个合理的投资组合，既能够满足对流动性的要求、风险承受能力的要求，同时又能带来充足的回报。

2. 居住规划。“衣食住行”是人生最基本的四大需求，其中“住”又是四大需求中时间最长、所需资金量最大的一项。由于房屋同时也具备投资价值，因此国内的消费者购买房屋主要有三大原因：自己居住、对外出租获取租金收益、投机获取资本利得。自住目的的居住规划，主要包括租房、购房、换房与房贷规划几个大的方面。自住性质的居住规划首先需要决策的是以租房还是购房的方式来满足居住的需求。

3. 教育规划。教育包括自身教育和子女教育。教育规划，首先要分析自身的教育需求和子女的基本情况（例如，子女个数、年龄、预期受教育程度等）；其次需要根据自身的状况来确定教育资金的主要来源；最后分析教育资金需求与预期能够提供的资金之间的差距，运用市场上的常用投资工具来弥补教育投资资金供给与需求之间的差额。

4. 保险规划。个人风险一般分为三大类风险：一是人的风险（如生、老、病、死、残）；二是物的风险（如财产损失）；三是责任风险（如开车撞人）。规避、转嫁这些风险，在个人财务处理上，主要是通过购买相应的保险来进行个人风险的管理。随着保险业的发展，除了传统的风险保障功能外，保险产品也衍生了投资功能，为个人的不同需要进行保险产品的科学设计、合理组合提供了广阔的空间。

5. 节税规划。依法纳税是公民的义务，但在合法的前提下，进行一系列的安排以达到少纳税或者延迟纳税，有助于减轻个人的税负。目前，我国的个人所得税税法还十分简单，对于工薪阶层来说，可以操作的空间不大。

6. 养老规划。每个人不可避免地都要遇到养老的问题，但由于寿命的延长、失业率的上升、人口结构的改变，个人养老问题显得越来越棘手。目前包括美国、欧洲、日本在内的发达国家都遇到了严重的养老金危机。在我国，面临的形势更严峻，“国未富、民先老”是我们的真实写照。养老是十分重要的问题，不能因为现在年轻就忽视，养老金的建立越早越好。

7. 遗产规划。遗产税是遗产规划的一个重要动机，但节税并非遗产规划的唯一目标。例如，遗产规划中还包括遗产的分配、遗嘱的执行等内容。由于目前我国尚未开征遗产税，对这一领域关心的人还不多。

想一想：怎样设计我们自己的个人理财规划？

三、个人理财的观念

理财是一辈子的事，只要生命存在，就需要理财。在理财之前，要树立正确的理财观念，科学理财，才能让钱更值钱，才能为你的生活带来财富和乐趣。否则，不但不能谋得财，反而会伤财，事与愿违。

（一）“你不理财，财不理你”，应当重视理财

财是个人生活的资本，是物质和精神享受的保障。无论一个人是贫穷还是富有，是年轻还是年长，是已婚还是未婚，都得面对一个基本问题：如何理财？也就是在个人经济资源、时间资源和人力资源有限的情况下，如何规划消费与投资，实现经济上的最优化。在现实生活中有不少人忙忙碌碌的工作，赚了不少钱，但因不理财或不懂得理财门道，辛辛苦苦赚的钱就像流水一样离开了自己，经常出现入不敷出的窘况，甚至衣食难保。“你不理财，财不理你”，这是一个非常简单的道理。

（二）理财是一个长期的过程，需要时间和耐心，不能期望一夜暴富

理财，涉及财富的不断积累，是一个长期积累的过程，需要持之以恒的投资，细心观察投资环境的变化并不断地调整投资计划，就像“马拉松”长跑比赛一样，它比的是耐力而不是爆发力，绝对不能心急，不能期望一夜暴富。

（三）家庭不是企业，资产的安全性放在第一位、盈利性放在第二位

企业作为社会经济组织，其根本目的是为了盈利。而家庭不是企业，家作为温馨的港湾，是每个家庭成员的坚强后盾，家庭的稳定是个人事业发展的前提和基础。因此，在个人理财时，首先考虑的是资产保值——安全，以保障稳定的家庭生活。在保证资产安全的前提下，再考虑的是资产增值——盈利，以实现理财目标——让自己及家人过着安心富足健康的生活。

（四）保证良好的资产流动性，保持富余的支付能力，不要将资金链绷得太紧

一个人、一个家庭每天每时都在发生开支，只要生活，就会有开支；同时，我们随时都

可能遭遇意外事件。因此，保持良好的资产流动性，手中掌控有足够的活钱，以满足日常开支，预防投机性需要和突发事件，保证个人财务安全和家庭生活稳定。而保持资产流动性最好的方法是选择一种适合自己的储蓄方式。

（五）居安思危，增强保险意识

作为重要的保障手段之一，保险既是对家人的一份关爱，也是家庭资产的重要组成部分。人生的风险随时随地可能存在，生、老、病、死、残，除了养老的问题外，其他风险我们不知道会在哪天发生。没有给自己和家人买保险，当风险来临时，就难以承受风险带来的沉重打击。虽然风险并不一定会发生，但保险却不能不买。居安思危，有备无患。

（六）将生活保障与投资增值合理分开

投资是一种长期行为，投资资金应是正常生活消费以外的资金，用这样的“闲钱”投资，投资者才能保持良好的心态。投资的目的是使未来的生活质量更高，但不能因为投资而过分降低目前的生活质量。因此，在个人理财时，需要将生活保障与资产增值合理分开。

（七）抵制高投资高回报的诱惑，有自己长期的理财规划，不随波逐流和“见利忘义”

投资理财是大多数人追求发财致富的最佳方法。但是我们应该注意到，只要是投资必然存在风险，而且高收益与高风险并存。因此，在个人投资理财时，切忌贪婪，不为高投资回报所诱惑，应根据理财目标、个人可投资额以及风险可承受能力，制定切实可行的理财规划。同时，在投资过程中，要有主见，三思而后行；切勿冲动、随波逐流，甚至“见利忘义”。

第二节　主要金融理财产品的内容

一、信托类理财产品

（一）信托理财产品的概念

信托理财产品，指由银行发行的人民币理财产品所募集的全部资金，投资于指定信托公司作为受托人的专项信托计划。目前，各家银行推出的信托类理财产品主要是银行与信托公司合作，将募集资金投资于信托公司推出的信托理财计划。

（二）信托类理财产品的特点

收益较高、稳定性好是信托理财产品的最大卖点。比如，贷款类信托计划产品一般都是资质优异、收益稳定的基础设施类信托计划，并且大多有第三方银行担保，在安全性方面比单纯的信托投资项目要略微高一些。同时在投资过程中，银行会不断监控、跟踪贷款的动向，从而可以最大程度上规避信托项目的投资风险。对于追求收益稳健的投资者来说，信托类理财产品就是一个不错的选择。

二、债券融资类理财产品

（一）债券的概念

债券是政府、金融机构、工商企业等机构直接向社会借债筹措资金时，向投资者发行，

并且承诺按一定利率支付利息并按约定条件偿还本金的债权债务凭证。又被称为固定利息证券。

债券包含了以下四层含义：

1. 债券的发行人（政府、金融机构、企业等机构）是资金的借入者。

2. 购买债券的投资者是资金的借出者。

3. 发行人（借入者）需要在一定时期还本付息。

4. 债券是债的证明书，具有法律效力。债券购买者与发行者之间是一种债权债务关系，债券发行人即债务人，投资者（或债券持有人）即债权人。

（二）债券的特征

债券作为一种重要的融资手段和金融工具具有如下特征：

1. 偿还性。债券一般都规定有偿还期限，发行人必须按约定条件偿还本金并支付利息。

2. 流通性。债券一般都可以在流通市场上自由转让。

3. 安全性。与股票相比，债券通常规定有固定的利率。与企业绩效没有直接联系，收益比较稳定，风险较小。此外，在企业破产时，债券持有者享有优先于股票持有者对企业剩余资产的索取权。

4. 收益性。债券的收益性主要表现在两个方面：一是投资债券可以给投资者定期或不定期地带来利息收入；二是投资者可以利用债券价格的变动，买卖债券赚取差额。

（三）债券的分类

1. 按债券的发行主体分，可以分为国家债券、地方债券、金融债券和企业债券。

（1）国家债券简称国债，是由中央政府发行的政府债券，其债务人为国家。

（2）地方债券是由省、市、自治区及其他地方政府所发行的债券，其债务人为地方政府。

（3）金融债券是指银行和非银行金融机构为筹集资金而发行的债券。其债务人为发行债券的金融机构。

（4）企业债券又称为公司债券，是企业发行的债券，其债务人为发行债券的企业，较之国债而言，其信誉要低一些，风险相对较高，利率也相对较高。

2. 按债券偿还期限的长短，可分为短期债券、中期债券和长期债券。通常期限在1年以下的债券称为短期债券，期限在1～5年之间的债券称为中期债券，期限在5年以上的债券称为长期债券。

3. 按债券的发行方式分类，可以分为公募债券和私募债券。

4. 按偿还方式不同，债券可以分为一次到期债券和分期到期债券。

5. 按是否能够提前偿还，债券可以分为可赎回债券和不可赎回债券。

（四）债券的交易方式

上市债券的交易方式有现货交易、回购交易、期货交易。目前，在深、沪证券交易所交易的债券有现货交易和回购交易。

1. 债券现货交易。又叫现金现货交易，是债券买卖双方对债券的买卖价格均表示满意，在成交后立即办理交割，或在很短的时间内办理交割的一种交易方式。

例如，投资者可直接通过证券账户在深交所全国各证券经营网点买卖已经上市的债券品种。

2. 债券回购交易。是指债券出券方和购券方在达成一笔交易的同时，规定出券方必须在未来某一约定时间以双方约定的价格再从购券方那里购回原先售出的那笔债券，并以商定的利率（价格）支付利息。

目前深、沪证券交易所均有债券回购交易，但只允许机构法人开户交易，个人投资者不能参与。

3. 债券期货交易。是指一批交易双方成交以后，交割和清算按照期货合约中规定的价格在未来某一特定时间进行的交易。目前深、沪证券交易所均未开通债券期货交易。

三、外汇货币类理财产品

（一）外汇的概念

外汇是指以外币表示的支付手段。在我国，外汇包括以下几种形式：外国货币、外国有价证券、外币支付凭证和其他外汇资金。

（二）国外货币理财产品

1. 外汇储蓄。活期外汇储蓄存款一般不低于人民币 20 元的等值外汇；定期外汇储蓄存款起存金额一般不低于人民币 50 元的等值外汇，存期有 1 个月、3 个月、6 个月、1 年和 2 年，外汇存款利率随存款期限的不同而不同。

2. 购汇。全称为境内居民个人因私购汇业务，是指境内居民个人因指定范围用途而向银行申请购买外汇的业务。个人购汇涉及的购汇种类包括：居民个人因私出境旅游（含港澳游）、朝觐、探亲会亲、境外就医、自费留学、其他出境学习、商务考察、境外培训、被聘工作、缴纳境外国际组织会费、境外邮购、出境定居、境外直系亲属救助、国际交流、外派劳务等。

居民购汇后，可将所购外汇汇出境外，可持汇票、旅游支票、信用卡等携带出境，也可提取外币现钞（或存入本人外币现钞账户），但金额不得超过等值 5 000 美元（含 5 000 美元）。

3. 普通外汇交易。银行接受个人客户的委托，参照国际金融市场即期汇率，将一种外币买卖成另一种外币的业务。对于普通居民来讲，只要持有一定的外币现钞或银行外币存单即可进行外汇买卖。

4. 个人外汇可终止理财产品。是一种外汇结构性存款，客户在约定的期限内，通过向银行出让提前终止该产品的权利，以获得高于同档次普通定期存款利息的投资收益。具有本金安全有保障、收益高于普通定期存款、办理手续像存款一样简单、可办理质押贷款等优势。

5. 个人外汇"两得"理财产品。是一种创新的结构性理财产品，是指客户通过向银行出让货币选择权，以获取选择权收益的个人外汇理财产品。

货币选择权是指存款到期日银行有权按照协定汇率将客户存款从存款货币转换成客户指定的挂钩货币。

挂钩货币是协议中指明的除存款货币外，在两得理财产品到期日，货币选择权买方（银行）有权选择转换的另一种货币。

协定汇率指双方在协议中约定的货币选择权买方（银行），在两得理财产品到期日行使货币选择权所采用的汇率。

选择权收益率为客户向银行出让相关货币选择权而获得的收益率。

6. 个人外汇收益递增型理财产品。是一种创新的结构性理财产品，客户在约定的期限内，通过向银行出让一系列提前终止该产品的权利，获得随投资期限递延而分段递增收益。

7. 个人外汇累计收益型理财产品。是一种创新的结构性理财产品，客户在约定的期限内的实际投资收益与伦敦同业拆借利率挂钩累计计算，即伦敦同业拆借利率符合预设条件时，投资者可获当日投资收益，反之，投资者当日无收益。此外，银行可根据约定，在规定时间享有提前终止理财产品的权利。

四、QDII理财产品

（一）QDII的含义

QDII是（Qualified Domestic Institutional Investors）（合格境内机构投资者）的首字母缩写。它是在一国境内设立，经该国有关部门批准，从事境外资本市场的股票、债券等有价证券投资业务的证券投资基金。

QDII由香港特区政府部门最早提出，是CDR（预托证券）、QFII（外国机构投资者机制）一样，是在外汇管制下将内地资本市场对外开放的权宜之计，以允许在资本账项目未完全开放的情况下，国内投资者往海外资本市场进行投资，直接目的是为了“进一步开放资本账户，以创造更多外汇需求，使人民币汇率更加平衡、更加市场化，并鼓励国内更多企业走出国门，从而减少贸易顺差和资本项目盈余”，直接表现为让国内投资者直接参与国外的市场，并获取全球市场收益。

（二）QDII理财产品的分类

1. 银行QDII理财产品。大多投资于境外资本市场的债券和货币性工具等固定收益类的金融产品，投资股票的比例一般不会超过50%，所以收益相对稳健但是比较低，认购门槛较高。

2. 保险QDII理财产品。投资范围除货币市场工具和固定收益产品之外，还包括股票、股权、股权型产品、股票型基金等权益类产品。保险QDII理财产品运作的是保险公司自己在海外的资产，一般不对个人投资者开放。

3. 基金QDII理财产品。投资不受限制，可以拿100%的资金投资于境外股票，因此其风险和收益都比银行QDII理财产品高得多。由于采用基金的形式发行，因此其认购门槛比银行QDII理财产品低得多，往往1 000元即可起步。

五、新股申购类理财产品

（一）新股申购理财产品的概念

新股申购理财产品，又称打新理财产品，是指银行通过与信托、证券公司的合作向普通投资者集合资金，利用资金规模大、中签率高的优势用于认购一级市场新股，然后在新股上市当日或约定日期内将认购成功的股票售出，为投资者获得收益的产品。

相关链接

首次公开募股（Initial Public Offerings，IPO），是指企业通过证券交易所首次公开向投资者增发股票，以期募集用于企业发展资金的过程。多数新股申购成功都会赚到钱，但申购成功机会不大，只有千分之几。

（二）新股申购理财产品的收益

股市的兴旺以及新股申购的高回报率，早已催生了大批新股申购理财产品。新股申购理财产品曾以“低风险、高收益”受投资者热捧。但因受热捧而中签率低、越来越多的新股破发，新股申购理财产品的收益率不断下降，甚至面临亏损。在新股申购理财产品收益持续降低的情况下，一些银行开始采取措施进行“补救”，有的增加打新资金投资范围，有的则增强其流动性。

下面以中信银行推出的新股申购理财产品——9××3号人民币理财计划为例，分析新股申购理财产品的收益。

中信银行的新股申购9××3号人民币理财计划

我行发行的中信理财之新股申购计划11号（理财编号：9××3）于2008年1月4日正式成立，并于2008年6月12日到期。本计划按照产品合同规定条款进行投资运作，到期后产品收益详细情况如下：

1. 收益计算期间：2008年1月4日—2008年6月12日，共161天。
2. 成立日每份净值（元）：1.0000
3. 到期日每份净值（元）：1.0103
4. 累计收益率：1.0327%
5. 年收益率：2.3412%
6. 每万份净收益（元）：10 000×2.3412%×161/365=103.27
7. 根据中信理财之新股申购计划11号产品说明有关约定，2008年6月13日至6月16日为清算期，清算期不计息，2008年6月17日客户资金到账。

（三）新股申购理财产品的风险

1. 系统性风险。一旦新股发行制度发生重大改革，或者资本市场的运行格局、资金的供给情况、新股发行速度和数量等系统性因素发生变化，都会给新股申购产品带来收益上的风险。

2. 网下申购的流动性风险。对于网上申购的股份，在股票上市首日即可上市交易，而对于机构投资者配售的网下申购部分则要有3个月的锁定期。这一规定给网下申购部分的新股带来相当大的流动性风险以及收益风险。

第三节　个人所得税的理财内容

一、个人所得税概述

个人所得税是对个人（自然人）取得的各项应税所得征收的一种税。它最早于18世纪在英国创立，目前已成为世界各国普遍开征的一个税种，并成为一些国家最主要的税收来源。

我国从1980年立法开征个人所得税以来，相继又开征了个人收入调节税和城乡个体工商业户所得税；1993年10月31日经第八届全国人大常务委员会审议通过，把上述3个税种合并于重新颁布的《中华人民共和国个人所得税法》（以下简称《个人所得税法》），并于1994年1月1日起实施。我国现行的个人所得税法是2011年6月30日第十一届全国人民代表大会常务委员会第二十一次会议讨论通过的《中华人民共和国个人所得税法》（第六次修正）。

我国《个人所得税法》采用国际通行做法，对纳税义务人同时行使居民管辖权和所得来源地管辖权，也就是说对居民来源于全世界范围的所得和非居民来源于中国境内的所得都行使征收权。根据《个人所得税法》规定，我国个人所得税的纳税义务人包括中国公民、个体工商业户以及在中国境内有所得的外籍人员和香港、澳门、台湾同胞。上述纳税人按照住所和居住时间两个标准，分为居民和非居民，分别承担不同的纳税义务。

（一）居民纳税人

居民纳税人，是指在中国境内有住所，或者无住所而在中国境内居住满1年的个人。居民纳税义务人负有无限纳税义务，其所取得的应纳税所得，无论是来源于中国境内还是中国境外，都要在中国缴纳个人所得税。

为了便于人员的国际交流，本着从宽、从简的原则，对于在中国境内无住所，但居住满1年而不超过5年的个人，其来源于中国境内的所得应全部依法缴纳个人所得税；而对于其来源于中国境外的各种所得，经主管税务机关批准，可以只就由中国境内公司、企业以及其他经济组织或个人支付的部分缴纳个人所得税。对于在中国境内无住所，但居住超过5年的个人，从第6年起，开始就来源于中国境内、境外的全部所得缴纳个人所得税。

（二）非居民纳税人

非居民纳税人，是指习惯性居住地不在中国境内，而且不在中国居住，或者在一个纳税年度内在中国境内居住不满1年的个人。非居民纳税义务人承担有限纳税义务，就其来源于中国境内的所得，向中国政府缴纳个人所得税。

二、个人所得税的相关规定

我国现行个人所得税采用了分项目所得税制，对工资薪金所得、个体工商户的生产经营所得、劳动报酬所得、稿酬所得和利息、股息、红利所得以及财产租赁所得、财产转让所得、偶然所得等11个应税项目分别规定费用扣除标准和适用税率。

（一）个人所得税税率及计税方法

1. 工资薪金所得。减除3 500元费用后的余额为应税所得额（在中国境内无住所而在中国境内取得工资薪金所得的纳税义务人和在中国境内有住所而在中国境外取得工资薪金所得的纳税义务人，附加减除费用为1 300元），适用超额累进税率，税率为3% ~45%，如表9 -1所示。

应纳税额 = 全月应纳税所得额 × 适用税率 − 速算扣除数

2. 个体工商户生产经营所得。以每一纳税年度的收入总额，减除成本、费用以及损失后的余额，为应纳税所得额，适用超额累进税率，税率为5% ~35%，如表9 -2所示。

应纳税所得额 = 收入总额 − 成本、费用及损失

应纳税额 = 应纳税所得额 × 适用税率 − 速算扣除数

表 9-1　　个人所得税税率表（工资薪金所得适用）

级　数	全月应纳税所得额	税率（%）	速算扣除数
1	不超过 1 500 元的	3	0
2	超过 1 500 元至 4 500 元的部分	10	105
3	超过 4 500 元至 9 000 元的部分	20	555
4	超过 9 000 元至 35 000 元的部分	25	1 005
5	超过 35 000 元至 55 000 元的部分	30	2 755
6	超过 55 000 元至 80 000 元的部分	35	5 505
7	超过 80 000 元的部分	45	13 505

表 9-2　　个人所得税税率表（个体工商户生产经营所得、对企事业单位承包、承租经营所得适用）

级　数	全年应纳税所得额	税率（%）	速算扣除数
1	不超过 15 000 元的	5	0
2	超过 15 000 元至 30 000 元的部分	10	750
3	超过 30 000 元至 60 000 元的部分	20	3 750
4	超过 60 000 元至 100 000 元的部分	30	9 750
5	超过 100 000 元的部分	35	14 750

个体工商户的收入总额是指个体工商户从事生产经营以及与生产经营有关的活动所取得的各项收入，包括商品（产品）销售收入、营运收入、劳务服务收入、工程价款收入、财产出租或转让收入、利息收入、其他业务收入和营业外收入。

成本、费用是指个体工商户从事生产经营所发生的各项直接支出和分配计入成本的间接费用以及销售费用、管理费用、财务费用；损失是指个体工商户在生产经营过程中发生的各项营业外支出。

【例 9-1】 泰来酒店是个体经营户，账证健全，2012 年 12 月份取得的营业额为 180 000元；购进蔬菜、肉、蛋、面粉、大米等原料费合计为 80 000 元；缴纳电费、水费、房租、煤气费 30 000 元；缴纳其他税费 12 000 元；当月支付给 8 名雇员工资共 25 000 元。1—11 月累计应纳税所得额为 125 000 元，1—11 月累计已预缴个人所得税为 30 000 元。计算该个体户 12 月份应缴纳的个人所得税。

解：（1）12 月份应纳税所得额 = 180 000 - 80 000 - 30 000 - 12 000 - 25 000 - 3 500
= 29 500（元）

（2）全年累计应纳税所得额 = 125 000 + 29 500 = 154 500（元）

（3）12 月份应纳税额 = 154 500 × 35% - 14 750 - 30 000 = 9 325（元）

3. 对企事业单位的承包、承租经营所得。以每一纳税年度的收入总额，减除必要费用（目前，按月减除标准 3 500 元）后的余额为应纳税所得额，适用超额累进税率，税率为 5% ~35%，如表 9-2 所示。

全年应纳税额 =（年度收入总额 - 经营月数 ×3 500）× 适用税率 - 速算扣除数

收入总额是指纳税人按照承包经营合同规定分得的经营利润和工资、薪金性质的所得。

【例9-2】 龚某2011年1月承包了一家商店，承包期1年，取得承包经营所得86 000元。

龚某全年应纳税额 = (86 000 - 12 × 3 500) × 20% - 3 750 = 5 050 (元)

4. 劳务报酬所得、特许权使用费、财产租赁所得和稿酬所得。

(1) 每次收入不超过4 000元的，减除费用800元，其余额为应纳税所得额，适用20%的比例税率征收。

应纳税额 = (每次收入额 - 800元) × 20%

(2) 每次收入超过4 000元的，减除20%的费用，其余额为应纳税所得额，适用20%的比例税率征收。

应纳税额 = [每次收入额 × (1 - 20%)] × 20%

①一次性劳务报酬所得，其应纳税所得额超过20 000元 - 50 000元的部分，税率为30%；超过50 000元的部分，税率为40%。

【例9-3】 李女士从事营业性演艺工作，在2012年3月份的一次演出中，她取得劳务报酬80 000元。计算其本次演出应缴纳的个人所得税。

首先，计算其应纳税所得额：

应纳税所得额 = 80 000 × (1 - 20%) = 64 000(元)

再按超额累进税率分段计算应纳税额：

应纳税额 = 20 000 × 20% + 30 000 × 30% + (64 000 - 50 000) × 40% = 18 600(元)

②稿酬所得，按其应纳税额减征30%。

【例9-4】 张教授2012年2月出版一本书，稿费为35 000元，计算其本次出版应缴纳的个人所得税。

应纳税额 = 35 000 × (1 - 20%) × 20% × (1 - 30%) = 3 920(元)

5. 财产转让所得。按照一次转让财产的收入额减除财产原值和合理费用后的余额计算纳税，适用20%的比例税率。

应纳税额 = (每次收入额 - 财产原值 - 合理费用) × 20%

6. 利息、股息、红利所得，偶然所得和其他所得。

应纳税额 = 每次收入额 × 20%

其中，个人投资者，从上市公司取得的股息红利所得，从2005年6月13日起，暂减按50%计入个人应纳税所得额。

应纳税额 = 每次收入额 × 20% × 50%

7. 年终一次性奖金。根据《国家税务总局关于调整个人取得全年一次性奖金等计算征收个人所得税方法问题的通知》(国税发［2005］9号)规定，纳税人取得全年一次性奖金，单独作为一个月工资、薪金所得计算纳税，并按以下计税办法，由扣缴义务人发放时代扣代缴：

(1) 先将职工当月取得的全年一次性奖金，除以12，按其商数确定适用税率和速算扣除数。如果在发放年终一次性奖金的当月，职工当月工资薪金所得低于税法规定的费用扣除额，应将全年一次性奖金减除“职工当月工资薪金所得与费用扣除额的差额”后的余额，按上述办法确定全年一次性奖金的适用税率和速算扣除数。

(2) 将职工个人当月取得的全年一次性奖金，按以上(1)项确定的适用税率和速算扣除数计算征税。

①如果职工当月工资薪金所得高于（或等于）税法规定的费用扣除额的，适用公式为：

$$应纳税额=职工当月取得全年一次性奖金\times适用税率-速算扣除数$$

②如果职工当月工资薪金所得低于税法规定的费用扣除额的，适用公式为：

$$应纳税额=\left(\begin{matrix}职工当月取得全\\年一次性奖金\end{matrix}-\begin{matrix}职工当月工资薪金所得\\与费用扣除额的差额\end{matrix}\right)\times\begin{matrix}适用\\税率\end{matrix}-\begin{matrix}速算\\扣除数\end{matrix}$$

【例9-5】 某公司职工小张，2012年度每月工资收入3 000元，2012年12月取得全年一次性奖金20 000元。公司对小张全年一次性奖金全额代扣代缴个人所得税。

第一步，查找税率及速算扣除数。经计算小张当月工资薪金所得与费用扣除额的差额为3 500-3 000=500元，（20 000-500）÷12=1 625元，适用税率为10%，速算扣除为105。

第二步，计算应纳税额。应纳税额=（职工当月取得全年一次性奖金-职工当月工资薪金所得与费用扣除额的差额）×适用税率-速算扣除数=（20 000-500）×10%-105=1 845（元）。因此，2012年12月该公司在发放全年一次性奖金时应代扣代缴小张个人所得税1 845元。

（二）个人所得税的优惠政策

为了体现国家对某些个人所得项目的支持和鼓励，税法及其实施条例，以及财政部、国家税务总局对部分应税项目分别给予了优惠政策。

1. 个人所得的免税规定。

（1）法定所得免税。包括省级人民政府、国务院部委和中国人民解放军等以上单位，以及外国组织、国际组织颁发的科学、教育、技术、文化、卫生、体育、环境保护等方面的奖金，债券利息（国债和国家发行的金融债券利息），补贴津贴，救济性款项，保险赔款，转业复员费，安家费，离退休费用等。

（2）下列所得免征个人所得税。

①奖金。个人举报、协查各种违法、犯罪行为而获得的奖金免征个人所得税。

②手续费。个人办理代扣代缴税款，按规定取得的扣缴手续费。

③转让房产所得。个人转让自用达5年以上、并且是唯一的家庭生活用房取得的所得。

④延期离退休工薪所得。达到离、退休年龄，但因工作需要，适当延长离退休年龄的高级专家，其在延长离退休期间的工资、薪金所得，视同离、退休工资免征个人所得税。

（3）非工薪所得免税。包括：独生子女补贴、托儿补助费、差旅费津贴、误餐补助等。

（4）见义勇为奖免税。对乡镇以上政府或县以上政府主管部门批准成立的见义勇为基金会或者类似组织，奖励见义勇为者的奖金或奖品，经主管税务机关批准，免征个人所得税。

（5）青苗补偿费免税。对于在征用土地过程中，单位支付给承包人的青苗补偿费收入，暂免征个人所得税。

（6）福利和体育彩票奖金免税。个人购买社会福利彩票、体育彩票一次性中奖收入不超过10 000元的，暂免征个人所得税；一次性中奖收入超过10 000元的，全额征收个人所得税。

（7）教育储蓄存款利息免税。专项教育储蓄存款利息所得以及国务院财政部门确定的其他专项储蓄存款或者储蓄性专项基金存款的利息所得，免征个人所得税。

（8）公积金和保险金免税。企业和个人按规定比例提取并缴付的住房公积金、基本养老保险费、基本医疗保险费和失业保险费，免征个人所得税。超过规定比例缴纳的部分，征收个人所得税。

（9）转让股票所得免税。对个人转让上市公司股票的所得，暂免征个人所得税。

2. 个人所得的减税规定。

（1）下列项目，经批准可以减征个人所得税。减征的额度和期限由各省级人民政府规定：

①残疾、孤老人员和烈属的所得。此项所得仅限于劳动所得，包括工资、薪金所得，生产经营所得，承包承租经营所得，劳务报酬所得，稿酬所得，特许权使用费所得。不包括利息、股息、红利所得，财产租赁、财产转让、偶然所得和其他所得。

②因严重自然灾害造成重大损失的。

③其他经国务院财政部门批准减税的。

（2）个人出租房屋减税。从 2000 年 1 月 1 日起，对个人出租房屋的所得，暂减按 10% 的税率征收个人所得税。

3. 个人所得的免征额规定。

（1）工资薪金所得免征额。自 2011 年 9 月 1 日起，每月免征额为 3 500 元。

（2）承包承租经营所得扣除额。以每月扣除 3 500 元必要费用的标准计算全年扣除费用。

（3）劳务报酬所得、稿酬所得、特许权使用费所得、财产租赁所得免征额。劳务报酬所得、稿酬所得、特许权使用费所得、财产租赁所得，每次收入不超过 4 000 元的，定额扣除 800 元；4 000 元以上的，定率扣除费用的 20% 。

4. 个人所得的扣除规定。

（1）个体工商户、个人独资企业和合伙企业的生产经营所得，在计算个人所得税时，允许按实扣除必要的成本、费用和税金等项目。

（2）捐赠扣除。纳税人将其所得通过中国境内的社会团体、国家机关向教育和其他社会公益事业及遭受严重自然灾害地区、贫困地区的捐赠，其捐赠额不超过年应纳税所得额 30% 的部分，可以据实扣除，但直接给受益人的捐赠不得扣除。

（3）中介费扣除。对个人从事技术转让、提供劳务等过程中所支付的中介费，能够提供有效、合法凭证的，允许从其所得中扣除。

提示：其他个人所得税的有关规定请查阅个人所得税的相关文件。

三、如何进行合理"节税"

（一）合理"节税"的含义

由于缴纳税款是纳税人的成本费用，为保护自己的所得，纳税人事先就应该做出税收筹划，以达到降低税收负担的目的，从而相应增加个人净所得。因此，纳税人为了降低税收负担的目的，需要合理"节税"。

合理"节税"，就是在遵循合法、合理性原则的前提下，纳税人通过自己的投资、经营、收入分配等活动，采取各种筹划技术，使其应缴纳的各种税负之和最小。

合理“节税”作为纳税人降低税负的一种权利，具有以下特征：

1. 遵守国家税收法律制度是“节税”的前提。税收是政府凭借国家政治权力，按照税收法律规定，强制、无偿地取得财政收入的一种方式。严格地按照税法规定尽其义务，才享有其权利，才符合法律规定。只有遵守国家税收法律制度，才可以考虑各种减轻税收负担的方法。否则，通过偷逃税款以减轻税收负担是违法的，必须受到国家法律的制裁。

2. 国家税收优惠政策为“节税”提供了广阔的空间。在市场经济条件下，国家把税收作为调控经济的一个重要手段，税收政策调控涉及的面非常广泛。从宏观经济发展战略到微观经济发展战略，从财政、经济领域到社会领域，从地区到行业等存在方方面面的差异和区别对待——国家税收优惠政策。符合国家政策的某些行为可能享受到税收优惠，纳税人取得的税收优惠被称为“税收利益”，即给纳税人“节税”。

3. “节税”的实质是降低税负，增加个人可支配收入。纳税人通过安排投资、经营和收入分配等活动，充分利用税收法规所提供的优惠政策，以减轻税收负担，获取最大的税收利益。

4. 实现合理“节税”的途径是税收筹划。纳税人根据税法中规定的“允许”与“不允许”、“应该”与“不应该”以及“非不允许”与“非不应该”项目、内容等差别或区别对待——国家税收优惠政策，对投资、经营、收入分配等涉税事项做出事先策划和安排，以实现节约税收成本目的。

（二）工资薪金所得的税收筹划

相关链接

工资薪金所得是指个人因任职或者受雇而取得的工资、薪金、奖金、年终加薪、劳动分红、津贴、补贴以及与任职或者受雇有关的其他所得，包括平时按月发放的工资、数月奖金和全年一次性奖金。

在日常生活中，常常听到有人抱怨说工资薪金较高，但在扣缴个人所得税后，就感觉少了一大笔钱。因此，对工资薪金进行合理筹划，合理避税、节税就显得十分必要。对工资薪金所得进行合理筹划主要有以下方式：

1. 采取非货币支付方式为职工提供更多的福利，降低工资薪金收入。主要非货币支付方式税收筹划有以下方式：

（1）免费为职工提供住房。

（2）安排职工旅游。

（3）组织职工培训。

（4）免费提供职工膳食。

（5）免费安排医疗福利。

（6）免费提供用车、家具等福利设施。

（7）增设教育基金，奖励职工子女。

【例 9－6】 陈先生每月工资收入为 8 000 元，其中 1 000 元为每月的房费支出，每月缴纳的个人社会保险金 600 元、住房公积金 1 200 元。在单位不增加负担的前提下，不同的工资薪金与福利待遇发放方式，陈先生的税负不一样。

第一种方式： 单位不提供住房，每月向其支付工资 8 000 元，自己租房。依据个人所得税法，则李先生每月应纳个人所得税为：(8 000 - 600 - 1 200 - 3 500) × 10% - 105 = 165 (元)。

第二种方式：单位为其提供住房，而每月支付其工资 7 000 元，依据个人所得税法，则李先生应纳个人所得税为：(7 000 - 600 - 1 200 - 3 500) × 10% - 105 = 65(元)。

由此可见，采用第二种方式，可为陈先生增加收益 100 元 (165 - 65)。

2. 利用住房公积金免征个人所得税的优惠政策，尽量多计提和缴纳住房公积金。单位和个人按规定比例提取并缴付的住房公积金，属于个人专项资金，可以免征个人所得税，因此，在单位可承担支付能力的前提下，尽量多计提和缴纳住房公积金，降低应税工资薪金。影响计提和缴纳住房公积金的因素有：计提基数和计提比率。计提基数是由个人的月平均工资薪金决定，即将个人的全部工资薪金纳入计提基数的计算范围，不要漏计和少计。计提比率是由国家规定浮动比率，尽可能按最高比率计提。

提示：我国住房公积金的计提比率为 5% ~20%。

3. 借鉴年薪制按年计算、月预缴征收方式的优惠政策，在 1 年内按月均衡发放工资薪金，以减低税率档次。

我国个人所得税对工资、薪金所得适用七级超额累进税率，因此，如果工资、薪金所得较多则会适用较高的税率，这时如果采用全年按月均衡发放工资薪金，则可能使职工获得更多的实际收益，带来更好的效果。

4. 充分发挥年终一次性奖金计税的优惠政策，选择税负最低的年终一次性奖金发放方案。单位或个人可以按以下步骤分配员工的月工资（月工资，在此特指已扣除按规定个人缴纳的住房公积金和社会保险金，下同）和全年一次性奖金：第一步，根据个人年收入总额，计算年应纳税所得额（年收入扣除法定可扣除费用 42 000 元后的余额）；第二步，假设将年应纳税所得额除以 12 按月平均发放，测算月工资适用的最高税率；第三步，在全年一次性奖金适用税率不能高于月工资适用最高税率的前提下，将月工资适用高税率的部分适度转为全年一次性奖金，并测算税负最低点。

（三）投资节税产品

1. 教育储蓄投资——利率优惠 25%。教育储蓄最大的特点之一是国家规定免征利息税，单此一项，教育储蓄的实得利息收益就比其他同档次储种高 20% 以上。此外，教育储蓄作为零存整取的储蓄，享受整存整取的利率，算上这一条，利率优惠幅度要在 25% 以上。

2. 债券投资——优选“国债”。与其他投资相比，国债的风险几乎为零，其利率一般等同或略高于同期的银行存款，持有到期后取得的利息收入免征个人所得税。此外国债还有购买起点低、变现灵活的特点。因此，国债具有较高的投资价值，将较长一段时间不用的存款转为购买国债比较合算。

> **小知识**
>
> 在我国，工行、建行、邮政储蓄等都已开办教育储蓄业务，分为 1 年、3 年和 6 年期三种。政策规定，小学四年级以上开始参加教育储蓄，最低起存金额 50 元，本金合计最高限额为 20 000 元。

提示：国债即国家债券，是中央政府为筹集财政资金而发行的一种政府债券。国债是以国家信用作保证的，因此风险小，流动性强。在我国，国债利率较其他类型债券低，而比同期银行存款利率要高，通常被称为“金边债券”。

3. 基金投资——个人不用纳税。按规定，基金获得的股息、红利及企业债的利息收入，都是由上市公司向基金派发时代扣代缴 20% 的个人所得税，上市公司向个人投资者分配股息、红利、利息时，不再代扣代缴个人所得税。此外，个人投资者买卖基金获得的差价收入，按照现行税法规定均暂不征收个人所得税。

4. 信托产品投资——收益风险皆高。信托产品年收益率一般能达到 4% 以上，一些房产类信托产品收益更是超过了 5%。信托产品的风险远高于储蓄、国债，但是低于股票及股票型基金。目前税务部门对信托收益的个人所得税缴纳也还暂无规定。

5. 保险投资——用足优惠。保险有诸多税收优惠。保险赔款是赔偿个人遭受意外不幸的损失，不属于个人收入，免缴个人所得税。目前，保险公司推出的分红保险，既有保险作用，又能参与保险公司的投资分红，还能节税，一举多得。因此，选择合理的保险计划是不错的理财方法，既可得到所需保障，又可降低税收成本。

第四节　保险产品的理财内容

一、投资连结保险

（一）投资连结保险的概念

简称投连险，是指包含保险保障功能并至少在一个投资账户拥有一定资产价值的人身保险产品。投资连结保险早在 20 世纪 70 年代的英国即已产生。近 30 年来，投资连结保险在世界各国发展迅速，1987 年至 1997 年间，英国的投资连结类产品占寿险产品的市场份额由 39% 提高到 50%；1998 年，美国的投资连结保险占寿险市场份额的 32%。投资连结保险现已成为欧美国家人寿保险的主流险种之一。

（二）投资连结保险的特点

投资连结保险是一种融保险与投资于一身的险种，其本质仍是保险。投连险投保人所缴纳的保费一部分用于购买寿险保障；另一部分则交给保险公司以购买保险公司专门设立的投资账户单位，由投资专家负责账户内资金的调动和投资决策。这样，投资与保障相结合，客户既可以得到风险保障，解决自身及家庭的未来发展问题，又可以稳定投资获取期望的高额回报。

提示：为了确保投连险的保障功能，中国保监会规定保障部分的比例不得低于个人账户的 5%。

二、分红保险

（一）分红保险的概念

保险公司在每个会计年度结束后，将上一会计年度该类分红保险的可分配盈余，按一定的比例，以现金红利或增值红利的方式，分配给客户的一种人寿保险。分红保险是世界各国寿险公司规避利率风险，保证自身稳健经营的有效手段，相对于传统保障型的寿险保单，分红保单向保单持有人提供的是非保障的保险利益。

（二）分红保险红利的来源

分红险分配的红利就是保险公司的利润，来源有以下两个方面：

1. 保险业务赢余。保险公司收入保费，然后支出赔款，再去掉公司的营业费用等支出后剩下的就是保险公司的利润了。当然也有保险公司经营不善，这一块是亏损的，事实上在国内也确实有好些保险公司在这块有比较大亏损（这个亏损由保险公司自己承担）。

2. 保费投资收益。保险公司的保费收入与赔付支出之间存在时间滞差和数量滞差。通俗的说就是每年保险公司都收了一大笔保费，然后在以后的几十年中慢慢地、一笔笔地把钱赔出去，这样很容易理解保险公司的手上一直有大笔的资金闲置，所以保险公司就把这笔钱拿出去投资。保费的投资收益是保险公司最大的一块利润。

（三）分红保险红利分配方法

红利的分配方法主要有现金红利法和增额红利法，两种盈余分配方法代表了不同的分配政策和红利理念。

1. 现金红利法，每个会计年度结束后，寿险公司首先根据当年度的业务盈余，由公司董事会考虑指定精算师的意见后决定当年度的可分配盈余，各保单之间按它们对总盈余的贡献大小决定保单红利。保单之间的红利分配随产品、投保年龄、性别和保单年限的不同而不同，反映了保单持有人对分红账户的贡献比率。现金红利法是北美地区寿险公司通常采用的一种红利分配方法。

2. 增额红利法以增加保单现有保额的形式分配红利，保单持有人只有在发生保险事故、期满或退保时才能真正拿到所分配的红利。增额红利由定期增额红利、特殊增额红利和末期红利三部分组成。增额红利法赋予寿险公司足够的灵活性对红利分配进行平滑，保持每年红利水平的平稳，并以末期红利进行最终调节。增额红利法是英国寿险公司通常采用的一种红利分配方法。

（四）分红保险的优势

1. 分红型保险从某种意义上来说是最“便宜”的保险。保险公司收了您和其他人的保费，如果去掉赔付和公司运营成本后还有剩余的话，剩余的钱会通过红利返还给您。保险公司拿您的保费进行投资，投资收益的七成以上也会通过红利方式返还给您。通过这些可以保证您得到保障而相应付出的金钱是最少的。

2. 抵御利率变动调整对您的损失。投保人交到保险公司的钱会按照一个保险公司给出的基准利率进行复利滚存（目前这个基准利率保险公司最高给到2.5、最低1.75）。总体来说收益相当或高于银行一年期存款。如果几年后银行利率调低，那么对投保人来说没有损失，存在保险公司的钱还是在以预定利率复利滚存。而如果银行利率调高的话，保险公司给的预定利率是不变的，这样投保人就有了损失。但是，银行利率提高后，大额存款利率、贷款利率、债券利率都会调高。保险公司通过资金运作产生的投资收益也相应提高，再通过红利返还给投保人，这样损失和收益就可以两相抵消。

3. 抵御各种金融风险。分红险某种意义上也把自己的收益和客户的利益捆绑在了一起，一荣俱荣，一损俱损。这样保险公司为了自己的利润必然尽力保证客户资产的保值增值。

三、万能保险

（一）万能保险的概念

可以任意支付保险费以及任意调整死亡保险金给付金额的人寿保险。万能寿险之所以“万能”，就在于在投保以后可根据人生不同阶段的保障需求和财力状况，调整保额、保费及缴费期，确定保障与投资的最佳比例，让有限的资金发挥最大的作用。

（二）万能保险的特点

万能险是风险与保障并存，介于分红险与投连险间的一种投资型寿险。所缴保费分成两部分，一部分用于保险保障账户，另一部分用于投资账户。保障和投资额度的设置主动权在投保人这里，可根据不同需求进行调节；账户资金由保险公司代为投资理财，投资利率上不封顶，下设最低保障利率。

1. 账户分配，灵活自主。只要交一笔钱，就可以得到家庭保障和个人投资两个账户，这两个账户之间的分配，完全由投保人决定。当投保人觉得需要增加保障的话，可以在保障账户多放些；同样当觉得孩子的教育或者养老需要更多投入时，可以将个人投资账户扩大。

2. 透过投资专家的运作，投资账户的钱可以不断增值获利。

3. 可以完全按照自己的需要，随时提取投资账户中的钱。比如，孩子上学需要一笔赞助费，出国旅游需要提取一笔旅游费等，投保人都可以灵活的提取。

4. 可以监督，检查投保人的投资账户情况，公司每年会为投保人寄送一份报告，账户及费用支出一目了然。

5. 交费金额也可以由投保人决定。比如，投保人手头宽裕时可以多交些，手头紧时只要合同有效，可以少交甚至不交，真正做到个人财务的高度自由。

辩一辩：“万能保险”真的是万能的吗？

习　题

一、单项选择题

1.（　　）就是通过对经济资源的适当管理来实现个人及家庭生活目标的过程，是一个为实现整体理财目标而设计的统一的互相协调的个人规划。

A. 个人投资　　　　B. 个人理财

C. 投资　　　　D. 理财

2. 个人理财的目的是（　　）。

A. 通过投资，实现个人财富最大化

B. 合理消费，减少浪费

C. 实现个人及家庭的理财目标，并最终达到终生的财务安全、自主和自由

D. 购买保险，与家人过着平安的生活

3. “你不理财，财不理你”体现了（　　）的理财观念。

A. 重视理财　　B. 唯利是图

C. 一夜暴富　　D. 消极理财

4. 保持资产流动性最好的投资方式是（　　）。

A. 股票　　B. 基金

C. 保险　　D. 储蓄

5. 规避风险最有效的方法是（　　）。

A. 购买炒股　　B. 购买基金

C. 购买保险　　D. 储蓄

6. 在我国，通常被称为“金边债券”是（　　）。

A. 企业债券　　B. 金融债券

C. 地方债券　　D. 国家债券

7. 个人购买社会福利彩票、体育彩票一次性中奖收入不超过（　　）元的，暂免征个人所得税。

A. 1 000　　B. 2 000

C. 5 000　　D. 10 000

8. 目前，我国工资薪金的免征额标准是（　　）元。

A. 800　　B. 1 500

C. 2 000　　D. 5 000

9. 赵某一次获得劳务报酬所得 20 000 元，在计算个人所得税时，可以扣除的金额为（　　）元。

A. 500　　B. 800

C. 2 000　　D. 4 000

10. 可以任意支付保险费以及任意调整死亡保险金给付金额的人寿保险是（　　）。

A. 投资连结险　　B. 万能保险

C. 分红险　　D. 社会医疗保险

二、多项选择题

1. 理财目的包括（　　）。

A. 开源　　B. 节流

C. 避险　　D. 过上奢侈的生活

2. 通过购买相应的保险可以规避、转让的风险有（　　）。

A. 疾病风险　　B. 财物损失风险

C. 开车撞人风险　　D. 就业风险

3. 下列属于个人理财范围的行为有（　　）。

A. 到人才市场找工作　　B. 为家庭成员购买健康保险

C. 合理筹划，降低个税负担　　D. 购买股票

4. 下列属于个人理财内容有（　　）。

A. 投资规划　　B. 居住规划

C. 保险规划　　D. 养老规划

5. 错误的理财观念有（　　）。

A. 理财就是投资，投资就是理财

B. 理财是富人的专利，穷人不需要理财

C. 在个人投资理财中，首先考虑资产的安全性，其次考虑资产的盈利性

D. 要将生活保障与投资增值合理分开

6. 按发行主体划分，债券分为（　　）。

A. 国家债券　　B. 地方债券

C. 金融债券　　D. 企业债券

7. 债券的特征有（　　）。

A. 限制性　　B. 偿还性

C. 安全性　　D. 收益性

8. 免征个人所得税的个人所得有（　　）。

A. 保险公司支付的保险赔款　　B. 单位发放的年终奖金

C. 国债利息　　D. 个人举报违法违纪而获得的奖金

9. 具有“节税”优势的理财产品有（　　）。

A. 教育储蓄　　B. 基金

C. 保险　　D. 外汇

10. 分红险分配的红利来源有（　　）。

A. 保险赔款　　B. 保险业务赢余

C. 保费投资收益　　D. 投保人交纳的保费

三、判断题

1. 养老是退休之后才考虑的问题，退休之前不需要进行养老规划。（　　）

2. 只要投资回报率高，可以不考虑风险，把个人全部积蓄投资该项目，这种投资行为体现了投资者贪婪的投资心态。（　　）

3. 按揭购房，再把房屋出租，按月收取租金，以归还购房贷款，这种“以租养房”的借钱投资理财没有风险。（　　）

4. 工薪阶层在单位参保了社会医疗保险，就不需要再买疾病方面的商业保险。（　　）

5. 理财是一个长期的过程，需要时间和耐心，不能期望一夜暴富。（　　）

6. 国债是中央政府为筹集财政资金而发行的一种政府债券，以国家信用作担保，因此没有任何风险。（　　）

7. 所谓“节税”，就是通过偷逃税款方式以减轻税收负担。（　　）

8. 纳税人直接给自然灾害地区、贫困地区的受益人的捐赠可以在税前全额扣除。（　　）

9. 个人缴付的住房公积金、基本养老保险费、基本医疗保险费和失业保险费，不受金额限制，全额免征个人所得税。（　　）

10. 万能寿险之所以“万能”，就在于在投保以后可根据人生不同阶段的保障需求和财力状况，调整保额、保费及缴费期，确定保障与投资的最佳比例，让有限的资金发挥最大的

作用。 ( )

四、计算题

1. 某职工2012年8月工资总额6 846元，当月应缴纳的住房公积金792元，养老保险508元，失业保险64元，医疗保险128元，试计算该职工当月应缴纳的个人所得税。

2. 李某是一经营药材的个体工商户，除此之外，没有其他收入。2012年李某全年营业收入230 000元，与经营有关的可在税前扣除的成本60 000元，费用20 000元，营业外支出5 000元，本年度已预缴个人所得税35 000元，试计算李某2012年终应补缴的个人所得税。

3. 某公司职工王某，2012年度每月工资收入6 000元，2012年12月取得全年一次性奖金30 000元。试计算公司对王某全年一次性奖金代扣代缴的个人所得税。

附　　表

附表一　复利终值系数表（FVIF 表）

一元复利终值系数表

n	1%	2%	3%	4%	5%	6%	7%
1	1.010	1.020	1.030	1.040	1.050	1.060	1.070
2	1.020	1.040	1.061	1.082	1.103	1.124	1.145
3	1.030	1.061	1.093	1.125	1.158	1.191	1.225
4	1.041	1.082	1.126	1.170	1.126	1.262	1.311
5	1.051	1.104	1.159	1.217	1.276	1.338	1.403
6	1.062	1.126	1.194	1.265	1.340	1.419	1.501
7	1.072	1.149	1.230	1.316	1.407	1.504	1.606
8	1.083	1.172	1.267	1.369	1.477	1.594	1.718
9	1.094	1.195	1.305	1.423	1.551	1.689	1.838
10	1.105	1.219	1.344	1.480	1.629	1.791	1.967
11	1.116	1.243	1.384	1.539	1.710	1.898	2.105
12	1.127	1.268	1.426	1.601	1.796	2.012	2.252
13	1.138	1.294	1.469	1.665	1.886	2.133	2.410
14	1.149	1.319	1.513	1.732	1.980	2.261	2.579
15	1.161	1.346	1.558	1.801	2.079	2.397	2.759
16	1.173	1.373	1.605	1.873	2.183	2.540	2.952
17	1.184	1.400	1.653	1.948	2.292	2.693	3.159
18	1.196	1.428	1.702	2.206	2.407	2.854	3.380
19	1.208	1.457	1.754	2.107	2.527	3.026	3.617
20	1.220	1.486	1.806	2.191	2.653	3.207	3.870
25	1.282	1.641	2.094	2.666	3.386	4.292	5.427
30	1.348	1.811	2.427	3.243	4.322	5.743	7.612
40	1.489	2.208	3.262	4.801	7.040	10.286	14.974
50	1.645	2.692	4.384	7.107	11.467	18.420	29.457

续表

n	8%	9%	10%	11%	12%	13%	14%
1	1. 080	1. 090	1. 100	1. 110	1. 120	1. 130	1. 140
2	1. 166	1. 188	1. 210	1. 232	1. 254	1. 277	1. 300
3	1. 260	1. 295	1. 331	1. 368	1. 405	1. 443	1. 482
4	1. 360	1. 412	1. 464	1. 518	1. 574	1. 630	1. 689
5	1. 469	1. 539	1. 611	1. 685	1. 762	1. 842	1. 925
6	1. 587	1. 677	1. 772	1. 870	1. 974	2. 082	2. 195
7	1. 714	1. 828	1. 949	2. 076	2. 211	2. 353	2. 502
8	1. 851	1. 993	2. 144	2. 305	2. 476	2. 658	2. 853
9	1. 999	2. 172	2. 358	2. 558	2. 773	3. 004	3. 252
10	2. 159	2. 367	2. 594	2. 839	3. 106	3. 395	3. 707
11	2. 332	2. 580	2. 853	3. 152	3. 479	3. 836	4. 226
12	2. 518	2. 813	3. 138	3. 498	3. 896	4. 335	4. 818
13	2. 720	3. 066	3. 452	3. 883	4. 363	4. 898	5. 492
14	2. 937	3. 342	3. 797	4. 310	4. 887	5. 535	6. 261
15	3. 172	3. 642	4. 177	4. 785	5. 474	6. 254	7. 138
16	3. 426	3. 970	4. 595	5. 311	6. 130	7. 067	8. 137
17	3. 700	4. 328	5. 054	5. 895	6. 866	7. 986	9. 276
18	3. 996	4. 717	5. 560	6. 544	7. 690	9. 024	10. 575
19	4. 316	5. 142	6. 116	7. 263	8. 613	10. 197	12. 056
20	4. 661	5. 604	6. 727	8. 062	9. 646	11. 523	13. 743
25	6. 848	8. 623	10. 835	13. 585	17. 000	21. 231	26. 462
30	10. 063	13. 268	17. 449	22. 892	29. 960	39. 116	50. 950
40	21. 725	31. 409	45. 259	65. 001	93. 051	132. 78	188. 88
50	46. 902	74. 358	117. 39	184. 57	289. 00	450. 74	700. 23

续表

n	15%	16%	17%	18%	19%	20%	25%	30%
1	1.150	1.160	1.170	1.180	1.190	1.200	1.250	1.300
2	1.323	1.346	1.369	1.392	1.416	1.440	1.563	1.690
3	1.521	1.561	1.602	1.643	1.685	1.728	1.953	2.197
4	1.749	1.811	1.874	1.939	2.005	2.074	2.441	2.856
5	2.011	2.100	2.192	2.288	2.386	2.488	3.052	3.713
6	2.313	2.436	2.565	2.700	2.840	2.986	3.815	4.827
7	2.660	2.826	3.001	3.185	3.379	3.583	4.768	6.276
8	3.059	3.278	3.511	3.759	4.021	4.300	5.960	8.157
9	3.518	3.803	4.108	4.435	4.785	5.160	7.451	10.604
10	4.046	4.411	4.807	5.234	5.696	6.192	9.313	13.786
11	4.652	5.117	5.624	6.176	6.777	7.430	11.642	17.922
12	5.350	5.936	6.580	7.288	8.064	8.916	14.552	23.298
13	6.153	6.886	7.699	8.599	9.596	10.699	18.190	30.288
14	7.076	7.988	9.007	10.147	11.420	12.839	22.737	39.374
15	8.137	9.266	10.539	11.974	13.590	15.407	28.422	51.186
16	9.358	10.748	12.330	14.129	16.172	18.488	35.527	66.542
17	10.761	12.468	14.426	16.672	19.244	22.186	44.409	86.504
18	12.375	14.463	16.879	19.673	22.091	26.623	55.511	112.46
19	14.232	16.777	19.748	23.214	27.252	31.948	69.389	146.19
20	16.367	16.461	23.106	27.393	32.429	38.338	86.736	190.05
25	32.919	40.874	50.658	62.669	77.388	95.396	264.70	705.64
30	66.212	85.850	111.07	143.37	184.68	237.38	807.79	2620.0
40	267.86	378.72	533.87	750.38	1 051.7	1 469.8	7 523.2	36 119
50	1 083.7	1 670.7	2 566.2	3 927.4	5 988.9	9 100.4	70 065	497 929

附表二　复利现值系数表（PVIF 表）

一元复利现值系数表

n	1%	2%	3%	4%	5%	6%	7%	8%	9%
1	0.990	0.980	0.971	0.962	0.952	0.943	0.935	0.926	0.917
2	0.980	0.961	0.943	0.925	0.907	0.890	0.873	0.857	0.842
3	0.971	0.942	0.915	0.889	0.864	0.840	0.816	0.794	0.772
4	0.961	0.924	0.888	0.855	0.823	0.792	0.763	0.735	0.708
5	0.951	0.906	0.863	0.822	0.784	0.747	0.713	0.681	0.650
6	0.942	0.888	0.837	0.790	0.746	0.705	0.666	0.630	0.596
7	0.933	0.871	0.813	0.760	0.711	0.665	0.623	0.583	0.547
8	0.923	0.853	0.789	0.731	0.677	0.627	0.582	0.540	0.502
9	0.914	0.837	0.766	0.703	0.645	0.592	0.544	0.500	0.460
10	0.905	0.820	0.744	0.676	0.614	0.558	0.508	0.463	0.422
11	0.896	0.804	0.722	0.650	0.585	0.527	0.475	0.429	0.388
12	0.887	0.788	0.701	0.625	0.557	0.497	0.444	0.397	0.356
13	0.879	0.773	0.681	0.601	0.530	0.469	0.415	0.368	0.326
14	0.870	0.758	0.661	0.577	0.505	0.442	0.388	0.340	0.299
15	0.861	0.743	0.642	0.555	0.481	0.417	0.362	0.315	0.275
16	0.853	0.728	0.623	0.534	0.458	0.394	0.339	0.292	0.252
17	0.844	0.714	0.605	0.513	0.436	0.371	0.317	0.270	0.231
18	0.836	0.700	0.587	0.494	0.416	0.350	0.296	0.250	0.212
19	0.828	0.686	0.570	0.475	0.396	0.331	0.277	0.232	0.194
20	0.820	0.673	0.554	0.456	0.377	0.312	0.258	0.215	0.178
25	0.780	0.610	0.478	0.375	0.295	0.233	0.184	0.146	0.116
30	0.742	0.552	0.412	0.308	0.231	0.174	0.131	0.099	0.075
40	0.672	0.453	0.307	0.208	0.142	0.097	0.067	0.046	0.032
50	0.608	0.372	0.228	0.141	0.087	0.054	0.034	0.021	0.013

续表

n	10%	11%	12%	13%	14%	15%	16%	17%	18%
1	0.909	0.901	0.893	0.885	0.877	0.870	0.862	0.855	0.847
2	0.826	0.812	0.797	0.783	0.769	0.756	0.743	0.731	0.718
3	0.751	0.731	0.712	0.693	0.675	0.658	0.641	0.624	0.609
4	0.683	0.659	0.636	0.613	0.592	0.572	0.552	0.534	0.516
5	0.621	0.593	0.567	0.543	0.519	0.497	0.476	0.456	0.437
6	0.564	0.535	0.507	0.480	0.456	0.432	0.410	0.390	0.370
7	0.513	0.482	0.452	0.425	0.400	0.376	0.354	0.333	0.314
8	0.467	0.434	0.404	0.376	0.351	0.327	0.305	0.285	0.266
9	0.424	0.391	0.361	0.333	0.300	0.284	0.236	0.243	0.225
10	0.386	0.352	0.322	0.295	0.270	0.247	0.227	0.208	0.191
11	0.350	0.317	0.287	0.261	0.237	0.215	0.195	0.178	0.162
12	0.391	0.286	0.257	0.231	0.208	0.187	0.168	0.152	0.137
13	0.290	0.258	0.229	0.204	0.182	0.163	0.145	0.130	0.116
14	0.263	0.232	0.205	0.181	0.160	0.141	0.125	0.111	0.099
15	0.239	0.209	0.183	0.160	0.140	0.123	0.108	0.095	0.084
16	0.218	0.188	0.163	0.141	0.123	0.107	0.093	0.081	0.071
17	0.198	0.170	0.146	0.125	0.108	0.093	0.080	0.069	0.060
18	0.180	0.153	0.130	0.111	0.095	0.081	0.069	0.059	0.051
19	0.164	0.138	0.116	0.098	0.083	0.070	0.060	0.051	0.043
20	0.149	0.124	0.104	0.087	0.073	0.061	0.051	0.043	0.037
25	0.092	0.074	0.059	0.047	0.038	0.030	0.024	0.020	0.016
30	0.057	0.044	0.033	0.026	0.020	0.015	0.012	0.009	0.007
40	0.022	0.015	0.011	0.008	0.005	0.004	0.003	0.002	0.001
50	0.009	0.005	0.003	0.002	0.001	0.001	0.001	0	0

续表

n	19%	20%	25%	30%	35%	40%	50%
1	0.840	0.833	0.800	0.769	0.741	0.714	0.667
2	0.706	0.694	0.640	0.592	0.549	0.510	0.444
3	0.593	0.579	0.512	0.455	0.406	0.364	0.296
4	0.499	0.482	0.410	0.350	0.301	0.260	0.198
5	0.419	0.402	0.320	0.269	0.223	0.186	0.132
6	0.352	0.335	0.262	0.207	0.165	0.133	0.088
7	0.296	0.279	0.210	0.159	0.122	0.095	0.059
8	0.249	0.233	0.168	0.123	0.091	0.068	0.039
9	0.209	0.194	0.134	0.094	0.067	0.048	0.026
10	0.176	0.162	0.107	0.037	0.050	0.035	0.017
11	0.148	0.135	0.086	0.056	0.037	0.025	0.012
12	0.124	0.112	0.069	0.043	0.027	0.018	0.008
13	0.104	0.093	0.055	0.033	0.020	0.013	0.005
14	0.088	0.078	0.044	0.025	0.015	0.009	0.003
15	0.074	0.065	0.035	0.020	0.011	0.006	0.002
16	0.062	0.054	0.028	0.015	0.008	0.005	0.002
17	0.052	0.045	0.023	0.012	0.006	0.003	0.001
18	0.044	0.038	0.018	0.009	0.005	0.002	0.001
19	0.037	0.031	0.014	0.007	0.003	0.002	0
20	0.031	0.026	0.012	0.005	0.002	0.001	0
25	0.013	0.010	0.004	0.001	0.001	0	0
30	0.005	0.004	0.001	0	0	0	0
40	0.001	0.001	0	0	0	0	0
50	0	0	0	0	0	0	0

附表三　年金终值系数表（FVIFA 表）

一元年金终值系数表

n	1%	2%	3%	4%	5%	6%	7%
1	1.000	1.000	1.000	1.000	1.000	1.000	1.000
2	2.010	2.020	2.030	2.040	2.050	2.060	2.070
3	3.030	3.060	3.091	3.122	3.153	3.184	3.215
4	4.060	4.122	4.184	4.246	4.310	4.375	4.440
5	5.101	5.204	5.309	5.416	5.526	5.637	5.751
6	6.152	6.308	6.468	6.633	6.802	6.975	7.153
7	7.214	7.434	7.662	7.898	8.142	8.394	8.654
8	8.286	8.583	8.892	9.214	9.549	9.879	10.260
9	9.369	9.755	10.159	10.583	11.027	11.491	11.978
10	10.462	10.950	11.464	12.006	12.578	13.181	13.816
11	11.567	12.169	12.808	13.486	14.207	14.972	15.784
12	12.683	13.412	14.192	15.026	16.917	16.870	17.888
13	13.809	14.680	15.618	16.627	17.713	18.882	20.141
14	14.947	15.974	17.086	18.292	19.599	21.015	22.550
15	16.097	17.293	18.599	20.024	21.579	23.276	25.129
16	17.258	18.639	20.157	21.825	23.657	25.673	27.888
17	18.430	20.012	21.762	23.698	25.840	28.213	30.840
18	19.615	21.412	23.414	25.645	28.132	30.906	33.999
19	20.811	22.841	25.117	27.671	30.539	33.760	37.379
20	22.019	24.297	26.870	29.778	33.066	36.786	40.995
25	28.243	32.030	36.459	41.646	47.727	54.865	63.249
30	34.785	40.588	47.575	56.085	66.439	79.058	94.461
40	48.886	60.402	75.401	95.026	120.80	154.76	199.64
50	64.463	84.579	112.80	152.67	209.35	290.34	406.53

续表

n	8%	9%	10%	11%	12%	13%	14%	15%
1	1.000	1.000	1.000	1.000	1.000	1.000	1.000	1.000
2	2.080	2.090	2.100	2.110	2.120	2.130	2.140	2.150
3	3.246	3.278	3.310	3.342	3.374	3.407	3.440	3.473
4	4.506	4.573	4.641	4.710	4.779	4.850	4.921	4.993
5	5.867	5.985	6.105	6.228	6.353	6.480	6.610	6.742
6	7.336	7.523	7.716	7.913	8.115	8.323	8.536	8.754
7	8.923	9.200	9.487	9.783	10.089	10.405	10.730	11.067
8	10.637	11.028	11.436	11.859	12.300	12.757	13.233	13.727
9	12.488	13.021	13.579	14.164	14.776	15.416	16.085	16.786
10	14.487	15.193	15.937	16.722	17.549	18.420	19.337	20.304
11	16.645	17.560	18.531	19.561	20.655	21.814	23.045	24.349
12	18.977	20.141	21.384	22.713	24.133	25.650	27.271	29.002
13	21.495	22.953	24.523	26.212	28.029	29.985	32.089	34.352
14	24.215	26.019	27.975	30.095	32.393	34.883	37.581	40.505
15	27.152	29.361	31.772	34.405	37.280	40.417	43.842	47.580
16	30.324	33.003	35.950	39.190	42.753	46.672	50.980	55.717
17	33.750	36.974	40.545	44.501	48.884	53.739	59.118	65.075
18	37.450	41.301	45.599	50.396	55.750	61.725	68.394	75.836
19	41.446	46.018	51.159	56.939	63.440	70.749	79.969	88.212
20	45.762	51.160	57.275	64.203	72.052	80.947	91.025	120.44
25	73.106	84.701	98.347	114.41	133.33	155.62	181.87	212.79
30	113.28	136.31	164.49	199.02	241.33	293.20	356.79	434.75
40	259.06	337.89	442.59	581.83	767.09	1 013.7	1 342.0	1 779.1
50	573.77	815.08	1 163.9	1 668.8	2 400.0	3 459.5	4 994.5	7 217.7

续表

n	16%	17%	18%	19%	20%	25%	30%
1	1.000	1.000	1.000	1.000	1.000	1.000	1.000
2	2.160	2.170	2.180	2.190	2.200	2.250	2.300
3	3.506	3.539	3.572	3.606	3.640	3.813	3.990
4	5.066	5.141	5.215	5.291	5.368	5.766	6.187
5	6.877	7.014	7.154	7.297	7.442	8.207	9.043
6	8.977	9.207	9.442	9.683	9.930	11.259	12.756
7	11.414	11.772	12.142	12.523	12.916	15.073	17.583
8	14.240	14.773	15.327	15.902	16.499	19.842	23.858
9	17.519	18.285	19.086	19.923	20.799	25.802	32.015
10	21.321	22.393	23.521	24.701	25.959	33.253	42.619
11	25.733	27.200	28.755	30.404	32.150	42.566	56.405
12	30.850	32.824	34.931	37.180	39.581	54.208	74.327
13	36.786	39.404	42.219	45.244	48.497	68.760	97.625
14	43.672	47.103	50.818	54.841	54.196	86.949	127.91
15	51.660	56.110	60.965	66.261	72.035	109.69	167.29
16	60.925	66.649	72.939	79.850	87.442	138.11	218.47
17	71.673	78.979	87.068	96.022	105.93	173.64	285.01
18	84.141	93.406	103.74	115.27	128.12	218.05	371.52
19	98.603	110.29	123.41	138.17	154.74	273.56	483.97
20	115.38	130.03	146.63	165.42	186.69	342.95	630.17
25	249.21	292.11	342.60	402.04	471.98	1 054.8	2 348.8
30	530.31	647.44	790.95	966.7	1 181.9	3 227.2	8 730.0
40	2 360.8	3 134.5	4 163.21	5 519.8	7 343.9	30 089	120 393
50	10 436	15 090	21 813	31 515	45 497	280 256	165 976

附表四　年金现值系数表（PVIFA 表）

一元年金现值系数表

n	1%	2%	3%	4%	5%	6%	7%	8%	9%
1	0.990	0.980	0.971	0.962	0.952	0.943	0.935	0.926	0.917
2	1.970	1.942	1.913	1.886	1.859	1.833	1.808	1.783	1.759
3	2.941	2.884	2.829	2.775	2.723	2.673	2.624	2.577	2.531
4	3.902	3.808	3.717	3.630	3.546	3.465	3.387	3.312	3.240
5	4.853	4.713	4.580	4.452	4.329	4.212	4.100	3.993	3.890
6	5.795	5.601	5.417	5.242	5.076	4.917	4.767	4.623	4.486
7	6.728	6.472	6.230	6.002	5.786	5.582	5.389	5.206	5.033
8	7.652	7.325	7.020	6.733	6.463	6.210	5.971	5.747	5.535
9	8.566	8.162	7.786	7.435	7.108	6.802	6.515	6.247	5.995
10	9.471	8.983	8.530	8.111	7.722	7.360	7.024	6.710	6.418
11	10.368	9.787	9.253	8.760	8.306	7.887	7.499	7.139	6.805
12	11.255	10.575	9.954	9.385	8.863	8.384	7.943	7.536	7.161
13	12.134	11.348	10.635	9.986	9.394	8.853	8.385	7.904	7.487
14	13.004	12.106	11.296	10.563	9.889	9.295	8.745	8.244	7.786
15	13.865	12.849	11.938	11.118	10.380	9.712	9.108	8.559	8.061
16	14.718	13.578	12.561	11.652	10.838	10.106	9.447	8.851	8.313
17	15.562	14.292	13.166	12.166	11.274	10.477	9.763	9.122	8.544
18	16.398	14.992	13.754	12.659	11.690	10.828	10.059	9.372	8.756
19	17.226	15.678	14.324	13.134	12.085	11.158	10.336	9.604	8.950
20	18.046	16.351	14.877	13.590	12.462	11.470	10.594	9.818	9.129
25	22.023	19.523	17.413	15.622	14.094	12.783	11.654	10.675	9.823
30	25.808	22.396	19.600	17.292	15.372	13.765	12.409	11.258	10.274
40	32.835	27.355	23.115	19.793	17.159	15.046	13.332	11.925	10.757
50	39.196	31.424	25.730	21.482	18.256	15.762	13.801	12.233	10.962

续表

n	10%	11%	12%	13%	14%	15%	16%	17%	18%
1	0. 909	0. 901	0. 893	0. 885	0. 877	0. 870	0. 862	0. 855	0. 847
2	1. 736	1. 713	1. 690	1. 668	1. 647	1. 626	1. 605	1. 585	1. 566
3	2. 487	2. 444	2. 402	2. 361	2. 322	2. 283	2. 246	2. 210	2. 174
4	3. 170	3. 102	3. 037	2. 974	2. 914	2. 855	2. 798	2. 743	2. 690
5	3. 791	3. 696	3. 605	3. 517	3. 433	3. 352	3. 274	3. 199	3. 127
6	4. 355	4. 231	4. 111	3. 998	3. 889	3. 784	3. 685	3. 589	3. 498
7	4. 868	4. 712	4. 564	4. 423	4. 288	4. 160	4. 039	3. 922	3. 812
8	5. 335	5. 146	4. 968	4. 799	4. 639	4. 487	4. 344	4. 207	4. 078
9	5. 759	5. 537	5. 328	5. 132	4. 946	4. 472	4. 607	4. 451	4. 303
10	6. 145	5. 889	5. 650	5. 426	5. 216	5. 019	4. 833	4. 659	4. 494
11	6. 495	6. 207	5. 938	5. 687	5. 453	5. 234	5. 029	4. 836	4. 656
12	6. 814	6. 492	6. 194	5. 918	5. 660	5. 421	5. 197	4. 988	4. 793
13	7. 103	6. 750	6. 424	6. 122	5. 842	5. 583	5. 342	5. 118	4. 910
14	7. 367	6. 982	6. 628	6. 302	6. 002	5. 724	5. 468	5. 229	5. 008
15	7. 606	7. 191	6. 811	6. 462	6. 142	5. 847	5. 575	5. 324	5. 092
16	7. 824	7. 379	6. 974	6. 604	6. 265	5. 954	5. 668	5. 405	5. 162
17	8. 022	7. 549	7. 102	6. 729	6. 373	6. 047	5. 749	5. 475	5. 222
18	8. 201	7. 702	7. 250	6. 840	6. 467	6. 128	5. 818	5. 534	5. 273
19	8. 365	7. 839	7. 366	6. 938	6. 550	6. 198	5. 877	5. 584	5. 316
20	8. 514	7. 963	7. 469	7. 025	6. 623	6. 259	5. 929	5. 628	5. 353
25	9. 077	8. 422	7. 843	7. 330	6. 873	6. 464	6. 097	5. 766	5. 467
30	9. 427	8. 694	8. 055	7. 496	7. 003	6. 566	6. 177	5. 829	5. 517
40	9. 779	8. 951	8. 244	7. 634	7. 105	6. 642	6. 233	5. 871	5. 548
50	9. 915	9. 042	8. 304	7. 675	7. 133	6. 661	6. 246	5. 880	5. 554

续表

n	19%	20%	25%	30%	35%	40%	50%
1	0.840	0.833	0.800	0.769	0.741	0.714	0.667
2	1.547	1.528	1.440	1.361	1.289	1.224	1.111
3	2.140	2.106	1.952	1.816	1.696	1.589	1.407
4	2.639	2.589	2.362	2.166	1.997	1.849	1.605
5	3.058	2.991	2.689	2.436	2.220	2.035	1.737
6	3.410	3.326	2.951	2.643	2.385	2.168	1.824
7	3.706	3.605	3.161	2.802	2.508	2.263	1.883
8	3.954	3.837	3.329	2.925	2.598	2.331	1.922
9	4.163	4.031	3.463	3.019	2.665	2.379	1.948
10	4.339	4.192	3.571	3.092	2.715	2.414	1.965
11	4.486	4.327	3.656	3.147	2.752	2.438	1.977
12	4.611	4.439	3.725	3.190	2.779	2.456	1.985
13	4.715	4.533	3.780	3.223	2.799	2.469	1.990
14	4.802	4.611	3.824	3.249	2.814	2.478	1.993
15	4.867	4.675	3.859	3.268	2.825	2.484	1.995
16	4.938	4.730	3.887	3.283	2.834	2.489	1.997
17	4.988	4.775	3.910	3.295	2.840	2.492	1.998
18	5.033	4.812	3.928	3.304	2.844	2.494	1.999
19	5.070	4.843	3.942	3.311	2.848	2.496	1.999
20	5.101	4.870	3.954	3.316	2.850	2.497	1.999
25	5.195	4.948	3.985	3.329	2.856	2.499	2.000
30	5.235	4.979	3.995	3.332	2.857	2.500	2.000
40	5.258	4.997	3.999	3.333	2.857	2.500	2.000
50	5.262	4.999	4.000	3.333	2.857	2.500	2.000

参考文献

1. 王斌主编：《财务管理》，中央广播电视大学出版社 2006 年版。
2. 吴大军主编：《管理会计》，中央广播电视大学出版社 1999 年版。
3. 刘爱东主编：《公司理财》，复旦大学出版社 2007 年版。
4. 刘志远主编：《财务管理》，南开大学出版社 2002 年版。
5. 袁建国主编：《财务管理》，东北财经大学出版社 2001 年版。
6. 财政部会计资格评价中心编：《财务管理》，中国财政经济出版社 2002 年版。
7. 王宇主编：《理财圣经》，化学工业出版社 2009 年版。
8. 刘伟编著：《个人理财》，上海财经大学出版社 2005 年版。
9. 雷建编著：《新个人所得税实务操作与筹划技巧》，经济科学出版社 2006 年版。
10. 阚振芳编著：《阳光节税》，中国建材工业出版社 2006 年版。
11. 钟文庆著：《财务是个“真实的谎言”》，机械工业出版社 2009 年版。
12. 张海林主编：《财务管理》，高等教育出版社 2001 年版。